퇴근 후 2시간

현직에서 퇴직 후를 준비하는

퇴근 후 2시간

정기룡 · 김동선 지음

나무생각

김장수 씨는
퇴근 후
무엇을 하였나?

아직 50대……
앞으로 살아야 할 날들이 30년 이상이나 남았으니,
이대로 낚싯대를 메고 여유롭게 떠날 수는 없습니다.
아직 독립하지 못한 자녀가 있고
끝까지 돌봐드려야 할 부모님도 있습니다.
그래서 다시 도전합니다.

음식물 쓰레기장에서의 불빛

"여보, 11시야."

안방에서 드라마를 보고 계시던 마눌님이 부른다. 매일 이 시간, 음식물 쓰레기를 버리고 오라는 소리다. 김장수 씨는 어기적어기적 몸을 일으켜 음식물 쓰레기통을 든다.

얼마 전만 해도 칼같이 주름 잡은 제복을 입고 출근하던 그다. 새벽 조찬 모임에서부터 밤늦은 기관장 모임에 이르기까지 집에서 얼굴 보기 힘들 정도로 잘나가던 그가 아니었던가. 매일 밤 음식물 쓰레기를 버리러 나가게 될 줄 꿈에서나 상상했겠는가.

무릎 나온 트레이닝 바지를 입은 그는 엘리베이터 대신 계단을 택한다. 언젠가 밤늦게 음식물 쓰레기통을 들고 엘리베이터를 탔다가 양복 차림의 다른 입주자와 마주친 이후 생긴 버릇이다. 아직 노화의 기미도 없는 장년 남자가 음식물 쓰레기를 들고 다니는 것이

'나 은퇴자요.'라고 광고하는 듯이 보여 민망했던 것이다. 하지만 어찌하리요. '처화만사성妻和萬事成'이라고 아내가 행복해야 집안이 행복한 법. '진인사대처명盡人事待妻命'이란 말도 있다. 자고로 모든 일에 최선을 다한 뒤 아내의 눈치를 살펴야 하는 법이다.

퇴직을 하고 나서는 식탁에서도 아내가 떡하니 김장수 씨 자리에 앉아서 밥을 먹는다. 밥 먹는 시간 내내 묘한 마음이 든다.

'저 자리가 내 자리인데……. 왜 내 자리에서 아내가 밥을 먹고 있지?'

예전 같으면 아무렇지도 않았을 일인데 계속 심기를 건드린다. 그래도 조직에서 지내면서 체득한 지혜가 '순응하면서 살자.'다. 조직에서 잘났다고 설치면 누군가가 시비를 걸게 되어 있다. 그래서 늘 낮은 자세로 살아가는 것이 필요하다. 정년퇴직을 하면서는 그 좌우명을 아내에게, 가족에게도 적용하기로 했다.

이런저런 생각을 하며 아파트 후미진 곳에 있는 음식물 쓰레기통 근처로 다가가니, 어둠 속에 한 남자가 서 있었다. 손끝에 든 빨간 불꽃을 보니, 요즘 멸종한 공룡만큼이나 보기 힘들다는 흡연자인가 보다.

"아니, 서장님 아니십니까?"

무심히 지나치려는데 남자가 알은척을 했다. 돌아보니, 예전 지인들 모임에서 알게 된 모 기업의 최고민 부장이다. 동향인 데다 같은 아파트 이웃이기도 해서 처음 만난 자리인데도 이야기가 잘 통했다. 무릎 나온 트레이닝복 차림을 하고서 '서장님'이라 불리니 쥐구멍에라도 들어가고 싶은 심정이다. 이럴 때는 태연을 가장하는 게 상책이다.

"아이고, 아직 담배를 못 끊으셨나 봐요."

집 안에서 피우지 못하는 담배를 들고 나와 어둠 속에서 피워야만 하는 흡연자의 고충이 이해가 된다.

"네, 요즘 심란해서 다시 시작했습니다."

"뭐 골치 아픈 일이라도 있나요?"

"직장 일이라는 게 다 그렇죠, 뭐. 아, 그런데 서장님은 퇴직하셨다고요. 집사람이 그러더군요."

뒤에 생략된 말이 짐작이 간다. 대낮에 아파트 단지 내를 돌아다니더라, 두부 사 가는 모습을 봤다, 뭐 그런 말들 아닐까.

"서장님이 부럽습니다."

"네?"

"그래도 정년까지 채우고 퇴직하셨으니까요. 저희 같은 기업에서는 언제 회사를 그만둬야 할지 모르잖아요."

"아직 40대 후반인 줄 알고 있는데……."

"사실 기업에서 40대 후반이면 퇴직 생각해야 하는 나이죠. 특히나 요즘은 경기가 워낙 안 좋다 보니……. 저희 회사도 예외는 아닙니다……."

이런 말들을 나누다가 언젠가 술 한잔 하자는 말로 인사를 대신하고 돌아섰다. 김장수 씨는 아파트 계단을 오르면서 '그래도 정년까지 일할 수 있어서 좋지 않았느냐'는 최 부장의 말을 떠올리며 스스로를 위로하듯 고개를 끄덕였다.

퇴직과 휴대전화의 빠른 교신

퇴직했다는 사실을 가장 절실하게 상기시켜 주는 것이 휴대전화다. 김장수 씨가 현직에 있을 때에는 아침저녁으로 사건·사고를 보고받느라 휴대전화가 몸살을 했다. 사우나를 할 때도 휴대전화를 비닐봉지에 싸서 가지고 들어갔다. 퇴직 후에는 하루에 전화가 세 통 오면 끝이다. 아내에게서 한 통, 대출해 주겠다고 한 통, 휴대전화 바꿔주겠다고 통신회사에서 한 통.

　매일 아침에 출근하던 경찰서 쪽으로 지나갈 일이 생기면 김장수 씨는 일부러 멀리 돌아서 다닌다. 혹시 누군가를 만날까 봐서다. 무슨 일 하냐고 물어볼까 봐 지레 걱정이다. 가장 불편한 점은, 명함이 없다는 것이다. 명함이 사람을 참 초라하게 만든다. 퇴직 후에 새로 사람을 만나면 명함 없이 자신에 대해 설명하기가 곤란하다.

　"전직 경찰서장입니다. 지금은……."

사람들은 끼리끼리 만난다더니, 퇴직자들끼리 한 달에 한 번 만난다. 김장수 씨가 현직에 있을 때 함께 일했던 동료나 부하 직원들이다. 만 원을 준비해 보문산 입구에서 만나 등산을 한다. 주로 나오는 이야기는 '일을 하고 싶다'는 것이다. 아침에 출근하고 저녁 때 퇴근하고, 한 달에 100만 원만 벌어도 소원이 없다고들 한다. 등산을 하고 나서 목욕탕에 간다. 6천 원 내고 탕 속에서도 일 이야기다. 남은 4천 원으로는 보리밥을 사 먹는다. 만 원만 있으면 하루를 보낼 수 있다.

파출소장을 했던 후배는 학교에서 순찰을 돌아주는 스쿨폴리스를 해볼까 생각 중이란다. 보수는 몇십만 원도 안 되지만 그거라도 해보고 싶다는 것이다. 아침에 집 근처 학교에 나가 학생들 등하교, 생활 지도를 하는 것이니 힘든 일도 아니다. 문제는 남 눈치가 보인다는 것이다. 그러자 옆에 있던 사람들이 이구동성으로 말한다.

"그냥 해."

전직 파출소장이 무슨 소용인가? 보잘것없는 일이라도 현재의 나에게 도움이 된다면 시작해야 한다. 체면만 따지다가는 아무 일도 하지 못한다.

용기 있는 사람은 시작하지만 용기가 없으면 현실만 한탄하게 된다. 일단 시작하는 것이 중요하다.

와인과 비자금

정년을 이틀 앞둔 날이었다. 아내가 "여보! 이틀이면 당신도 정년이네. 마지막이니까 경찰 정복 입고 아이들하고 사진 한 판 찍자." 한다. 김장수 씨는 정복을 반듯하게 차려입고 사진관으로 향했다. 카메라 렌즈를 바라보며 '당장 이틀 후에는 어디로 출근하나.' 하는 생각을 했다. 입꼬리를 살짝 올리며 곱게 앉아 있는 아내에게 "여보, 나 퇴임하면 뭐 할까?" 하고 물었다. 아내가 "놀아! 30년 동안이나 근무했으니 쉬면서 놀아도 되지!"라고 배짱 좋게 말한다.

사진을 찍고 집으로 돌아와 밥을 먹는데, 아내가 와인 두 병을 꺼내왔다.

"한 잔 받아요. 그간 고생 많았어요."

아이들도 한 잔씩 따라 주는데 갑자기 눈물이 났다. 와인을 몇 모금 마시더니 아내가 문득 한숨을 내쉰다. 이제 큰딸이 대학교 2학년, 아들이 대학교 1학년이다.

"한창 돈 들어갈 때에 큰일 났네……."

갑자기 술맛이 사라진다. 10년 전 퇴직한 선배가 아내 모르게 비자금이 꼭 있어야 한다고 노래를 했었다. 퇴직하고 나서 비자금이 없으니 아내에게 몇만 원 달라고 할 때마다 사나이 자존심을 다 구긴다고. 그 말을 듣고 김장수 씨도 퇴직에 맞추어 한 달에 14만 8천 원씩, 10년에 2천만 원짜리 적금을 몰래 들었다. 해약하고 싶은 유혹이 수백 번 있었지만 퇴직 후의 자존심을 지키기 위해 10년을 꾹 참아왔다.

아내는 돈 걱정을 해놓고 김장수 씨에게 미안했는지 "내 맘 알지?"라고 덧붙였다. 그 말에 김장수 씨의 굳은 결심이 무너지고 말았다.

"여보, 걱정하지 마. 실은 내가 2천만 원짜리 적금 들어놨어. 아이들 등록금은 걱정하지 마!"

김장수 씨의 말에 아내의 눈이 휘둥그레진다. 근심이 다 날아간 듯 아이들에게도 쾌활하게 말한다.

"얘들아, 너희도 아빠의 철저한 준비성을 배워야 돼. 이런 아빠가 어디 계시니?"

이틀이 지나 만기가 된 그 돈을 아내가 가져갔다. 김장수 씨 입장에서는 와인 두 병에 무너져서 10년간 꾹 참았던 것을 실토한 것도 모자라 사나이 자존심까지 빼앗기고 만 것이다.

옷걸이

지방경찰청장을 지내던 선배 김 청장이 퇴직을 했다. 현직에 있을 때에는 비서와 운전기사가 있었다. 행사가 있으면 비서가 사전에 행사 내용을 자세히 설명하고, 운전기사가 행사장까지 안내도 해준다. 바쁠 때는 축사도 대신 써준다. 행사장에서도 관할 경찰서장, 파출소장, 행사 요원이 그를 병풍처럼 에워싸서 따라다녔다.

그런 분이 은퇴를 했다. 한번은 볼일이 있어 서울에 다녀오는 길에 기차에 가방을 놓고 내렸다. 수족처럼 따라다니던 비서도 없고 해서, 당시 동부경찰서장으로 있던 김장수 씨에게 다급히 전화를 걸어왔다.

"김 서장, 관내가 동부지? 대전역이 동부 관내에 있으니 철도청에 이야기 좀 해주게. 가방을 두고 내렸다네."

후배 된 도리로 부랴부랴 난리를 치르다시피 해서 부산에서 가방을 겨우 찾아왔다. 그냥 철도청 분실물 창구에 전화 한 통 하면 찾을 수 있는 것을 현직에 있는 후배를 찾다니!

며칠 뒤에 김장수 씨가 댁으로 전화를 드렸더니, 김 청장은 외출했는지 사모님이 전화를 받았다.

"아유, 그날은 괜한 고생을 시켰네요. 이 양반이 퇴직을 했는데도 아직 현직에 있는 줄 아는 모양입니다."

사모님은 친하지도 않은 김장수 씨에게 남편 흉을 본다.

"어제는 마트에 같이 갔다가 아주 망신을 당했답니다. 글쎄, '이건 왜 사냐, 생활비 아껴 써라.' 온갖 잔소리를 해대더니, 계산대에서는 자기가 가격표를 잘못 보고 직원한테 계산 실수했다고 버럭화를 내는 거예요. 직원이 말대답한다고 따지고, '내가 누군지 알고 이러느냐.'고 화를 내더니, 급기야 '점장 데려오라.' '직원 교육을 어떻게 시켜서 이 모양이냐.'고 노발대발하는 거예요. 부끄러워서 혼났어요. 집에 혼자 우두커니 있는 게 안쓰러워서 시장도 같이 가고, 모임에도 같이 가자고 했는데, 이제는 같이 나가는 게 스트레스가 돼버렸어요."

김 청장은 마트에서의 일로 자괴감이 들었던지, 며칠 동안은 의기소침해 있다고 했다. 퇴직 후의 박탈감, 정체성 혼란이 심할 것이라 이해는 되지만, 한편 언제까지 이런 상태가 지속될지 걱정이라고 한다. 솔직히 이때만 해도 김장수 씨는 현직에 있었기 때문에 퇴직이라는 것이 그렇게 심각한 일인 줄 몰랐다.

세탁소에 어느 날 새 옷걸이들이 들어왔다. 헌 옷걸이가 새로 갓 들어온 옷걸이에게 "너는 단지 옷걸이일 뿐이라는 것을 명심해." 하고 충고했다. 이 말은 잠깐씩 입혀지는 옷을 자기의 신분인 양 착각하지 말라는 뜻이다.

현직 시절에 아침에 집을 나서면 운전기사가 경찰서까지 데려다 주고 정문에서 의경이 깍듯이 인사를 한다. 현관에서 당직 근무자로부터 전날 일을 보고받은 뒤 구내식당에 가면 아침식사가 차려져 있다. 사무실에 가면 비서가 기다렸다는 듯이 차를 내놓는다. 조간의 중요 기사를 스크랩해 놓은 것을 읽어보고, 그날 지시할 것을 생각한다. 8시 20분에 각 과장들 여덟 명을 불러 회의를 시작한다.

경찰서장 한마디에 몇백 명이 주말에 등산을 하고, 경찰서장 얼굴 표정에 수백 명 직원의 하루 분위기가 좋고 나빠진다. 그뿐인가. 어느 장소를 가든 주인공이고, 큰일 없이도 박수를 받는다.

그 좋은 것을 놓으니까 많이 불편하고 어색하다. 썰렁한 농담 한마디에도 박장대소해 주던 사람들에게 늘 둘러싸여 지냈는데, 이제는 한 사람도 없다. 스스로 독립해야 하는 시간이 길수록 주위 사람과의 관계는 멀어진다. 이제는 밥값도 먼저 내고, 인사도 먼저 해야 한다. 먼저 계급장을 떼고 행동해야 살 수 있다.

현직에 있을 때 문서 작업이나 컴퓨터 작업을 직접 하지 않고 부속실에 맡겼던 것이 후회스럽다. 대학원 숙제도 해야 하고 강의 준비도 해야 하는데, 모든 것을 컴퓨터로 해야 한다. 혼자 힘으로는 절대 할 수 없고, 그나마 매번 구박하면서도 알려주던 아내마저 외출해 버리면 그런 날은 컴퓨터도 먹통이다. '진즉에 배워둘걸.' 하고 생각하지만 가슴만 답답하다. 지금부터라도 물어봐야 한다. 창피해도 배워야 한다.

퇴직자들은 일상에서 갑자기 손발이 사라진 것 같은 답답함을 많이 느낀다. 문서 작성, 프린트, 공과금 납부, 우체국 택배 발송 등 사소한 일이지만 직접 해야 할 일들이다. 수처작주隨處作主. 내가 내 일상의 주인이 되어야 한다.

퇴직을 하면 많은 것이 변한다. 집 안에서 내 자리도 변하고 사람들이 나를 부르는 호칭도, 나를 보는 시선도 달라진다. 하지만 나는 그대로다. 어제의 나와 오늘의 내가 달라진 것이 없다. 이 간극을 뛰어넘는 일이 쉽지만은 않다.

당신이 퇴직을 준비하고 있다면

규칙적인 생활을 하라

사람은 습관의 동물입니다. 오랜 시간에 걸쳐 익숙해진 것들을 머리보다 몸이 더 많이 기억합니다. 퇴직을 한 다음 날 아침 잠자리에서 겪는 혼란이 그렇습니다. 이제 출근할 필요가 없으니 늦잠이라도 실컷 자야지 하는데 몸은 벌써 기상입니다.

일부러 달아나는 잠을 붙들 필요가 없습니다. 출근을 하지 않는 대신 그 시간에 등산을 가든지, 외국어라도 배우러 다니세요. 아무 데도 가지 않고 아무 일도 하지 않으면 퇴직 스트레스는 점점 심해질 뿐입니다. 잠을 자면 잘수록 더 졸리는 것처럼 수동적으로 지내다 보면 더 고립되고 무기력해집니다. 억지로라도 몸을 움직이는 것이 필요합니다. 봉사 활동, 운동, 아르바이트도 좋습니다. 여의치 않으면 집안일이라도 하면서 몸을 움직여야 합니다.

밥도 규칙적으로 먹는 게 좋습니다. 식구들이 다 나간 빈집에서 쓸쓸하다고 굶지는 마세요. 매끼 밥상을 차려주기를 기다리다가는 부부싸움이 납니다. 챙겨주는 사람이 없어도 스스로 밥상을 차리는 연습을 하세요. 된장찌개, 계란말이에도 도전해보세요. 건강도 챙기고 아내의 일도 덜어줄 수 있습니다.

가능한 한 직장에 다닐 때와 비슷하게 규칙적인 생활 리듬을 유지하는 것이 필요합니다. 하루의 일과를 계획하고 일주일의 일정을 만들어보세요. 회사 행사를 기획하는 것처럼 개인 생활 계획을 세우는 것입니다.

인생 선배에게 배우다

저녁 산책을 하고 돌아가는 길이다. 아파트 단지 입구에 있는 편의점 앞 간이 테이블에 최 부장이 앉아 있는 것이 보였다. 김장수 씨가 가볍게 목례를 하고 지나가려는데 최 부장이 부른다.

"서장님, 잠깐 앉았다 가시죠."

예전에는 새벽에 출근하고 밤늦게 퇴근하다 보니 같은 아파트에 살아도 서로 얼굴 볼 일이 전혀 없었는데, 퇴직 후라서 그런지 최 부장과도 자주 만나게 된다. 나이 들면 이웃이랑 친해야 한다고 하는데, 이래서 그런가 싶기도 하다.

"요즘 어떻게 지내시는지 궁금해서요."

최 부장이 건네는 캔맥주를 집으며 김장수 씨는 어떻게 하면 초라하지 않게 대답할까 잠시 궁리했다.

"뭘 할까 고민하고 있습니다."

"네? 이제 쉬셔도 되잖아요."

최 부장이 의외라는 표정을 짓자, 김장수 씨가 오히려 당혹스럽다.

"아직 나이 60도 안 된걸요. 요즘 평균 수명이 80세가 넘잖아요. 그냥 아무것도 하지 않을 수는 없죠."

"그렇긴 하지요. 휴, 저는 겨우 나이 40대 후반인데, 어떻게 해야 할지 모르겠습니다."

고개를 꺾는 최 부장, 술이 약하다고 하더니 맥주 한 캔에 벌써 취기가 올라온 모양이다.

"왜요? 무슨 어려운 일이 있습니까?"

최 부장은 성실한 사람이다. 대학을 졸업하고 취업한 회사에서 한눈팔지 않고 일해온 지 벌써 25년이 넘는다. 김치로 유명한 그 회사에서 공장장도 했고 생산 관리, 품질 관리 등 핵심 부문에서 일해 회사의 전반적인 상황을 고루 꿰고 있다. 농가 현황, 식자재 구매에서 제품 개발, 마케팅, 유통까지 두루 거치며 쌓은 전문성도 있다. 사장의 신임을 받고 신제품 개발에도 여러 차례 성공했다.

하지만 개인적 성취감과는 별개로 역시 고용된 사람이기 때문에 초조함은 어쩔 수 없다. 언제라도 발밑의 지각이 흔들릴 수 있다는 것이다. 2년 전부터 회사가 자금 압박에 시달리고 있는데, 다른 대기업에서 인수를 한다는 소문이 꽤 구체적으로 돌면서 인맥, 학연, 지연을 동원한 정보전과 줄서기가 난무하고 있다.

최 부장은 입사 이후 최대의 위기를 겪고 있다. 동기 중에서 가장 승진이 빨랐던 최 부장의 무기는 실력과 성실함이지 인맥이나 학연이 아니었다. 이런 상황이 그로서는 난감하기만 했다.

남자들은 약한 모습 보이면 안 된다고 세뇌가 되어서인지, 회사에서는 아무리 가까운 사이라도 힘든 내색을 하는 것이 쉽지 않다. 그래서인지 최 부장은 몇 번 만나지도 않은 김장수 씨에게 이런 얘기, 저런 얘기를 다 털어놓는다.

"최 부장님이 앞으로 그 회사에서 얼마나 일할 수 있을까요? 앞으로 5년 뒤가 될지 10년 뒤가 될지 모르지만 언젠가는 그 직장을 떠나야겠지요?"

임기가 보장된 경찰 공무원이어서 사기업에 다니는 사람들의 초조함을 다 이해하는 것은 아니지만, 김장수 씨도 어느 정도는 공감을 하고 있다. 주변에서 직장을 그만둔 사람들이 갑자기 자신의 존재가 전면 부정되는 상황에 당혹스러워하는 모습도 종종 보아왔다.

"현재의 직장이 인생의 종착지는 아닙니다. 끝이 아니라는 겁니다. 지금 직장을 나오더라도 계속 일은 해야지요. 다른 할 일을 찾아야 합니다."

나이를 헛먹은 것은 아닌가 보다. 이렇게 말이 술술 나오는 것을 보니…….

"하지만 퇴직한 다음의 생활에 대한 구체적인 준비 없이 직장을 나오면 안 됩니다. 제가 최 부장님과 같은 고민을 처음 했을 때가 20년 전입니다."

회사에서 위기감을 느낄 때

김장수 씨가 1990년에 대전 서부경찰서에서 수사과장으로 지내던 시절이었다. 일요일에 서장과 텔레비전을 보고 있는데, MBC 뉴스에서 대전 보문산에 경찰 서류 800건이 버려져 있다는 특종을 보도하는 게 아닌가. 서장이 걱정하기에 김장수 씨는 '저희 관내가 아니니 문제없다'고 보고했다. 그런데 막상 사건 현장에 가보니 대전 서부경찰서 수사과 서류였다. 담당직원이 경찰청 사무 감사를 앞두고 임무가 벅차 서류를 산에 버렸다는 것이다.

담당직원은 구속이 되고 서장은 직위 해제가 되었다. 김장수 씨도 걱정이 이만저만이 아니었다. 직원이 구속되는 상황까지 가니 아내도 걱정이 되는 모양이었다.

"여보, 중징계 먹으면 퇴직해서 다른 일해."

아내의 말에 힘도 나고 배짱도 생겼지만 막상 직장을 그만두려니 준비된 것이 아무것도 없다는 생각이 들었다. 이번 일은 어떻게 잘 넘어간다고 해도 언젠가는 정년이 또 올 것이다. 김장수 씨는 그때를 미리 준비해야 하지 않을까 생각했다. 그러나 우선은 조직에서 나가라고 할 때까지 자의로 사표를 내지는 말자고 다짐했다. 다행히 그 일은 김장수 씨에게까지 파급이 되지 않고 마무리됐다. 위기가 왔을 때 위기의식을 가지기 시작한 것은 잘한 일이다. 그런데 무엇을 할까 생각하니 답이 나오지 않았다.

그 뒤 대전 정부청사 경비대장으로 발령이 나서 갔다. 구내식당에서 저녁을 먹는데, 씩씩하게 생긴 김 경위가 종종걸음으로 퇴근하기에 물어보았다.

"어디를 바쁘게 가는겨?"

"네, 한식 요리를 배우러 학원에 가고 있습니다."

김장수 씨는 의아해서 다시 물었다.

"한식 요리사 자격증을 따서 뭘 하게?"

"네, 취미로 배우고 있습니다. 주말에 요리 배운 것을 가족에게 선보이고 있죠. 기회 되면 일식이나 복 요리사 자격증까지 도전해 보려고요. 솔직히 말씀드리면, 이렇게 배워두면 언젠가는 쓰이겠지 싶어서요. 언제까지 경찰을 할 수는 없는 거니까, 그 이후의 일을 지금 준비한다는 마음으로 배웁니다."

김장수 씨는 생각했다. 나이 40에 저런 생각을 하다니……. 김 경위는 학원에 가면 앞치마를 두르고 설거지를 하면서 현재의 자기를 다 내려놓는다고 했다.

누구나 퇴근하면서 소주 한잔하고 싶고 저녁 시간에 하는 드라마를 보며 발 뻗고 쉬고 싶은 것 아닐까? 그러나 내가 하고 싶은 어떤 일을 성취하려면 시간, 돈, 노력의 투자 없이는 되지 않는다. 만약에 김 경위가 정년을 하고 나서 그제야 요리 학원에 가서 배우거나, 중간에 경찰관을 그만두고 직업이 없는 상태에서 생계를 위해 무언가를 시작한다면 얼마나 삶이 고단할까?

김 경위를 보며 김장수 씨는 자신은 어떻게 시간을 보내고 있는지 뒤돌아보았다. 아무런 생각이 나지 않았다. 〈동물의 왕국〉이라는 프로그램을 보면, 넓은 평원에서 사자가 "어흥!" 하고 울자마자 수천 마리의 누gnu 떼가 달리기 시작한다. 하지만 방향 감각이 없다. 그 길이 절벽으로 가는 길인 줄도 모르고 무작정 뛰는 것이다. 사자는 나중에 낭떠러지에서 떨어져 죽은 누만 먹어도 포식을 한다. 김장수 씨는 자신의 신세가 누와 무엇이 다를까 생각해 보았다. 현재 바쁘다는 핑계로 죽자 살자 낭떠러지를 향해 뛰고 있다. 인생의 목표 설정이 되지 않았으니 방향도 모르고 죽어라 뛰기만 하는 것이다.

위기 상황에 대비하라

직장에 다니다 보면 많은 위기를 겪게 됩니다. 기대했던 승진 심사에서 떨어지거나, 진행 중이던 프로젝트가 사라지거나, 또는 기업이 재정적으로 어려움을 겪으면서 인원 감축을 합니다.

　세계화라는 차원이 다른 무한 경쟁 시대에 기업의 흥망 속도는 더욱 빨라지고 있습니다. 이러한 환경 변화는 안에서 일하는 사람에게도 고스란히 전가되어 직장인들은 예전보다 가중된 업무와 경쟁에 시달리지요. 자연히 직업 생명도 점점 짧아지고 있습니다. 과거에 비해 직장 동료들 간의 정도 사라지고 있습니다. 직장 밖 살벌한 환경이 실적에 대한 압박감으로 작용하면서 동료들 간에도 오히려 서로 견제하고 경쟁합니다. 예전에는 어떤 갈등이 있어도 퇴근 후 술 한잔 기울이며 '우리는 한 배에 탄 사람들'이라는 동료 의식을 확인할 수 있었지요. 그러나 이제는 '절이 싫으면 중이 떠나는 시절'입니다.

　줄을 잘 서야 하는 사내 정치도 직장인들을 지치게 합니다. 예전에는 줄을 잘 서면 최소한의 보장은 있었는데 이제는 어느 줄도 튼튼한 동아줄이 아닙니다. 그런데도 윗사람들은 서로 내 줄을 잡으라고 압박을 가하지요.

　이러한 위기 상황에서 다시 한 번 자신의 자리를 되돌아볼 필요가 있습니다. 직장 일에 질질 끌려 다니다가는 어느 날 회사 밖에서는 전혀 쓸모없는 존재가 되어 있을지도 모릅니다. 직장 일을 소홀히 하라는 이야기가 아닙니다. 직장에서 열심히 하는 것과는 별개로 나의 삶은 준비돼 있어야 한다는 말입니다.

김장수 씨의 준비

"사람들이 왜 자기 앞날을 준비하지 못하는 줄 아십니까?"

앞날? 준비? 최 부장의 머릿속에서는 취업 준비를 하던 20대 이후 사라진 단어들이다.

"왜죠?"

"회사와 자기를 일체화하고 있기 때문입니다. 회사는 상명하복과 성과주의로 이루어져 있습니다. 모든 것이 서열이고 경쟁이죠. 그러다 보니 조직에서 살아남기 위해 최선을 다해야 합니다. 회사에 충실한 '회사 인간'일수록, 회사가 원하는 사람이 되기 위해 불철주야 노력할수록 자기 자신을 잃어버리게 되지요. 언젠가는 회사에서 나와야 한다는 사실 자체를 받아들이지 않는 것입니다."

"이제 와서 생각해 보니 저도 그랬습니다. 입사 초기에는 일을 배우느라 그랬고, 이후에는 열심히 일해서 가족을 부양해야 한다는 생각으로 일에만 매진하다 보니 나라는 존재, 내 삶을 생각할 겨를이 없었죠."

"그러다 회사에 위기가 닥치면 더욱 자기 자신을 내던지다시피해서 회사와 한 몸이 되는 것입니다. 저는 후배들에게 '언젠가는 지금 있는 곳에서 나와야 한다. 준비를 하라.'고 늘 얘기하곤 하는데, 그 말이 실감이 나지 않는 모양입니다. 결국 아무것도 준비하지 못한 채 '어느 날 갑자기' 퇴직을 하지요. 그런 사람들이 주변에 너무 많습니다."

김장수 씨는 안타까운 듯 혀를 끌끌 찬다.

"그렇게 말씀하시는 걸 보니, 서장님은 단단히 준비를 하신 모양입니다."

살짝 비꼬는 말투가 된다. 하는 말은 다 옳지만, 정작 그걸 실천할 수 있겠느냐는 의심이 든 것이다.

"준비를 하긴 했죠. 하지만 준비를 했다고 당장 뭘 할 수 있는 것은 아닙니다."

최 부장의 표정이 시큰둥하다. 그런 속담이 있다. '시든 화분이 있는 병원에는 절대 가지 마라.' 한 사람이 가진 말의 힘은 그 사람의 위치에서 나온다. 김장수 씨는 그냥저냥 퇴직자일 뿐이다.

최 부장이 그런 생각을 하고 있는 것을 짐작이라도 했는지 김장수 씨는 본격적으로 자기 이야기를 꺼냈다.

"실은 제가 오늘 방송사에 다녀왔습니다."

"방송사에는 왜요?"

"제가 현직에 있을 때 매주 월요일에 사내 게시판에 글을 올렸습니다. 그때그때 느낀 단상들, 좋은 글, 시행착오 등을 통해 가벼운 교훈을 주고 싶었지요. 직원들의 반응도 좋았습니다. 이번에 쉬면서 그때 썼던 글들을 묶어서 작은 책자로 만들었습니다. 동네 인쇄소에 맡기니 큰돈 들지 않더군요. 그 글들을 보면서 제가 상담이나 강의에 관심이 많다는 것을 알았습니다. 오래전부터 리더십 교육과 강의 교육도 받아왔습니다. 무료지만 강의도 많이 해봤고요. 그래서 이번에 새로 인생을 설계한다면 이 계통의 일을 하는 게 어떨까 싶었습니다. 그래서 우선 저를 알릴 겸 그 책자를 들고 무작정 방송사 홍보실과 예능 교육국 PD들을 찾아갔습니다."

"그래서요?"

최 부장의 목소리에서 호기심이 느껴진다.

"하하, 얼마나 어색하고 무안하던지요. 몇몇 사람은 쳐다보지도 않아요. 모두 바쁘니까 그럴 만도 하지요. 그냥 책을 두고 가라고 하길래 책을 놓고 나오고, 그래도 관심을 보이는 PD에게는 제 얘기도 했지요. 그렇게 한 바퀴 돌고 나왔어요. 뭐, 당장 결과를 바라는 것은 아니지만······."

"그렇군요. 좋은 연락이 와야 할 텐데요. 저도 응원하겠습니다."

최 부장은 김장수 씨의 여유를 느꼈다. 퇴직하면 많이 위축되어 있을 법한데 전혀 그런 기색이 없다. 오히려 보통 사람이라면 생각지도 못할 적극성을 가지고 강사로서의 새로운 일을 찾아가는 모습에 감탄사가 나올 정도였다. 결과에 상관없이 도전하는 정신만은 배우고 싶었다. 언젠가는 자신도 퇴직을 하고 제2의 인생을 살아야 할 때가 올 것이다. 그때가 되면 김장수 씨처럼 목표를 정하고 한 걸음 한 걸음 나아갈 수 있을까?

김장수 씨 입장에서는 최 부장을 보면서 안타까운 생각이 들었다. 옛날 자신의 모습을 보는 듯해서다. 경찰이라는 특수 조직이 정년이 보장된다고는 하나, 층층시하의 위계질서와 승진에 목매어야 하는 경쟁 구도가 아닌가. 하급자의 잘못까지 책임져야 하는 조직의 속성은 어디나 마찬가지다.

30년 경찰 인생. 가족과의 시간을 희생하고 자신의 인생을 완전히 던졌음에도 불구하고 계급장을 반납하는 순간, 그는 아무것도 아닌 존재가 된다. 게다가 노후 불안이 엄습한다.

김장수 씨는 최 부장을 위해서 뭔가 도움이 되는 이야기를 해주고 싶었다. 그러기 위해서는 지금 자신이 계획하는 일들이 결실을 맺어야 할 것이다.

술보다는 실력이 먼저

20년 전쯤, 김장수 씨는 회식 자리에 가서 윤수일의 〈아파트〉를 멋들어지게 불렀다. 상사가 노래할 때는 화장지를 귓구멍과 콧구멍에 꽂거나, 휴지통을 카메라처럼 어깨에 걸쳐 들거나, 허리띠를 풀어서 색소폰 부는 흉내를 내기도 했다.

인사철이 되었다. 김장수 씨는 내심 가고 싶은 자리가 있어 기대를 했는데, 그 자리로 발령이 나지 않았다. 그 당시는 "상사를 위해서 최선을 다했는데……." 하는 서운함과 아쉬움이 컸다. 그런데 그 상사가 떠나면서 하는 말이 "술과 일은 별개"라는 것이다. 술을 잘 마시고 잘 노는 것도 좋지만, 정말 중요한 보직을 결정할 때는 술 많이 먹는 사람은 싫어할 수 있다.

직장 생활에서 술 잘 먹는 것은 자랑이 아니다. 음주운전으로 인한 손해는 말로 다 할 수가 없으며 술 때문에 일어나는 가정불화,

업무에 미치는 영향 등을 생각해 보면 술은 조직생활에 득보다는 해가 된다. 술이 아니라 실력으로 인정을 받아야 한다. 술 마시는 시간을 줄여 자기 실력을 길러야 된다.

김장수 씨는 신문에서 읽은 보험 광고가 기억이 났다. 30대에 매달 50만 원씩 연금보험을 들면 60세가 넘어서 한 달에 150만 원씩 나온다는 광고다. 김장수 씨는 앞으로 30년 후에 150만 원의 가치가 얼마가 될지 생각해 보았다. 60세가 넘어서 150만 원을 받는 것도 좋지만 매달 자기 발전에 20만 원씩 30년을 투자한다면 60세가 넘어서도 할 일이 있을 것이고, 그 일은 300만 원 이상의 가치가 있을 것이다.

우리가 어떤 것을 성취하려고 한다면, 즉 하나를 얻으려면 하나는 버려야 한다. 자기 발전에 투자하려면 술 먹는 시간, 텔레비전 시청하는 시간, 친구 만나는 시간, 등산 가는 시간을 줄여야 한다.

회사 인간에서 벗어나기

퇴직자들은 하루아침에 시공간을 이동합니다. 정해진 일과 대신 24시간이 똑같은 '편의점 시간'으로, 장소는 사무실 대신 거실로, 사람은 직장 동료 대신 가족으로 모든 게 바뀌게 됩니다. 갑자기 달라진 환경에 적응하는 데에 어려움이 있습니다. 퇴직 전에는 모든 것이 회사를 중심으로 돌아가는 '회사 인간'이었습니다. 회사 인간에게는 폼이 중요하지요. 매출 1위 달성, 최연소 부장 등 직책도 그렇고, 퇴근 후에 마시는 술도 고급이어야 했지요. 대단한 일을 하고 있다는 자부심이 에너지가 되었습니다.

명령하고 지시 내리는 일에 익숙한 회사 인간은 가정에서도 상사처럼 행동합니다. 그러다가 퇴직한 후 완장을 떼고 나면 초라한 인간으로 돌아옵니다. 일상은 하찮게 여겨지고 가족은 자신을 무시하는 것만 같습니다. 분노와 소외, 자격지심 등 퇴직자들이 느끼는 심리를 통틀어 '은퇴 증후군'이라 합니다. 은퇴 증후군이 너무 심해 정신과에서 상담을 받는 경우도 있습니다.

은퇴 증후군에서 벗어나기 위해서는 무엇보다 상실을 받아들여야 합니다. 과거 자신이 가지거나 누렸던 모든 것들은 원래 자신의 것이 아닙니다. 권위, 힘, 정보 등은 내가 잠시 빌려 대행하던 권한들입니다. 겸허하게 모든 것을 놓아야 합니다. 비교하지 말아야 합니다. 과거의 나와 현재의 내 모습을 끊임없이 비교하며 '나는 이런 사람이 아닌데……'라고 곱씹거나 분노해서는 안 됩니다.

퇴근 후 2시간 - 차별화

김장수 씨가 퇴직 이후를 걱정하고 준비하기 시작한 것은 20년 전이다. 정년은 한참 남았지만 경찰복을 벗어야 될지도 모르는 직업적 위기를 겪으면서 자연히 퇴직 후 할 일을 생각하기에 이른 것이다. 그는 퇴직 준비를 하루라도 빨리 실천하기로 결심했다. 일단 무엇을 시작할 것인지 곰곰이 생각해 보았다. 그가 아는 것은 경찰 세계가 전부. 경찰은 사회 구석구석을 아는 것 같지만, 사실 사회 공부가 부족한 사람이기도 했다. 아무리 생각해도 경찰이었던 사람이 할 일이 딱히 떠오르지 않았다. 그래서 자신이 좋아하는 일에서부터 시작하자고 마음먹었다.

'뭐가 좋을까? 내가 제일 좋아하는 게 뭘까⋯⋯.'

불쑥 빵이 떠올랐다. 정년퇴직하고 빵집을 차려야겠다고 생각했다. 당시 근무하던 대전에는 성심당이라는 빵집이 유명했다. 마침 그의 관할 구역에 성심당 제과제빵학원이 있었다. 몇 번 그 앞을 지나면서 망설였다. 경찰서장 하면서 빵을 배운다는 게 사람들 눈에 어떻게 비칠까 생각하지 않을 수 없었던 것이다. 그래도 용기를 내서 문을 두드렸다. 수강료는 25만 원이고, 제과·제빵사 과정 필기와 실기를 모두 합해서 1년 과정이라고 한다. 아내에게 제빵 기술을 배운다고 하니 앞치마는 사준다.

'그래! 나중을 위해서 지금 투자하는 거지.'

등록을 하고 원장을 만났다.

"대덕경찰서장입니다. 취미로 배우려고요."

원장의 눈이 놀라서 두 배로 커졌다.

학원에는 수강생이 서른 명 정도 있었는데, 거의가 고등학생이었다. 자격증을 따면 대학에 들어갈 수 있다고 했다. 학원에서 매일 빵을 한 판씩 만들어 집으로 가져갔다. 김장수 씨의 아버지는 아들이 만들어온 빵을 맛있게 먹으며 다소 과한 칭찬을 하곤 했다.

"맛있다. 빵집 잘되겠다."

평생 자식한테 해준 것 없다고 자책했던 아버지가 듬뿍 줄 수 있는 용기와 격려이지 않았나 싶다.

학생들과 빵을 만들고 있으면 학부모들이 찾아와 김장수 씨에게 인사를 한다. 그가 원장인 줄 알고.

"원장님, 학원비 좀 깎아주시면 안 되나요?"

엄한 사람을 붙잡고 하소연을 하는 것이다.

사건·사고가 발생하지 않으면 6시 30분에 퇴근을 한다. 학원에 도착하면 칠판에 오늘 만들 빵 레시피가 적혀 있다. 밀가루를 계량하고, 설탕, 소금, 밀가루를 통 속에 넣고 섞는다. 밀가루 냄새가 구수하게 난다. 각자 한 판씩 빵을 만든다. 여덟 개 정도 만들어 숙성시킨 뒤, 계란 칠하고 오븐에 넣었다 꺼내면 된다. 같은 재료로 만드는데도 만드는 사람에 따라 빵의 크기와 맛이 모두 다르다. 실습이 끝나면 설거지가 시작된다. 자기 그릇은 자기가 책임지고 씻는다. 중학생이나 고등학생이나 경찰서장이나 구분 없이 설거지 시간은 즐겁다. 내가 만든 빵을 들고 집에 갈 때면 '오늘은 어떤 빵을 가져오나?' 하고 기다리는 아버지, 아내, 아이들의 모습이 떠올라 입가에 미소가 그려진다.

빵을 가지고 집으로 가는 길에 김장수 씨의 머릿속에 이런저런 생각이 떠오른다.

'과연 빵을 이렇게 배워서 빵집을 해도 괜찮을까?'

'아니야! 여기서 승부를 내야 해. 취미로 배우는 게 아니잖아. 이게 노후 대책이야. 그러려면 특화를 시켜야지. 그래야 살아남을 수 있어. 모든 빵을 다하지 말고 두 가지만 하자. 꽈배기와 도넛만 해도 맛만 있으면 그걸로 소문이 나는 거다.'

집으로 오면서 김장수 씨의 머릿속에서는 근사한 빵집이 하나 차려졌다. 집에 도착하니 아이들이 아빠 손을 쳐다본다. 아이들은 '맛있다'고 신나게 먹는데, 아내가 한마디한다.

"팥이 한쪽으로 뭉쳤네. 이건 빵 껍질이 터졌잖아. 학원에서만 배우지 말고 집에서도 오븐으로 연습을 해야지."

제법 냉정한 평가를 듣고, 김장수 씨는 갑자기 자존심도 상하고 때려치우고 싶은 생각이 든다.

학원에서는 각각 스물네 가지씩 제빵과 제과를 연습시켜 제과·제빵사 자격증을 따도록 해준다. 자격증도 중요하지만 실제 빵집을 차린다는 것은 사느냐 죽느냐의 전쟁인데 불안한 생각이 든다.

인터넷을 검색해 보니 요즘 대세는 건강빵이다. 거칠어도 몸에 좋은 빵, 조금 비싸도 웰빙 빵을 찾는단다. 아니면 아예 싼 빵을 만들어서 천 원에 세 개 정도로 팔아야 경쟁력이 생긴다고 했다. 차별화가 필요했다.

김장수 씨는 학원 원장님을 찾아가 상의했다. 차별화, 가격, 인건비, 가게 위치…… 다 중요하고 옳은 이야기다. 원장님의 결론은 일단 1년 계획으로 제빵사 시험부터 준비하라는 것이었다. 원장님이야 학원비 받고 빵만 가르쳐주면 되지만 빵을 배우는 김장수 씨는 불안한 마음을 지울 수가 없다.

자격증

1년 3개월간 제과와 제빵을 배우고 한국산업인력공단 실습실에서 제과·제빵 실기 시험을 치르는 날이다. 김장수 씨는 어떤 빵이 실기 과제로 주어질지 긴장이 되었다.

단팥빵이었다.

빵을 만드는데 감독관이 다가와 체크를 한다. 계량부터 숙성, 빵 굽는 온도까지 제작 과정을 꼼꼼히 지켜본다. 경찰서장도 감독관 앞에서는 떨고 있는 순한 양이 된다. 하필 그 순간 팥은 왜 빵 껍질 밖으로 자꾸 튀어나오려고 하는지……. 감독관 눈치를 보니까 마음에 들지 않는 표정이다. 마지막 설거지까지 점수를 매긴다.

결과는 두 종목 모두 '합격'이었다. 퇴근 후 모든 것을 뒤로한 채 시간과 열정을 투자한 결과였다. 떨어진 사람에게 위로하는 여유, 새로 시작하는 학생에게 격려하는 여유도 생겼다. 그러나 그런 자신감은 순간 지나가고, 다시 걱정이 태산이다.

"원장님, 과연 제가 빵집을 차리면 빵이 팔릴까요?"

원장님은 "요즘은 프랜차이즈 빵집이 대세여서 개인 빵집은 문을 닫는 추세"라고 했다. 이런 말은 등록하기 전에 해주어야 하는 게 아닌가? 김장수 씨는 원장님을 살짝 쩨려봐 주고는 흔들리는 마음을 붙잡고 용기를 내본다.

'그래! 지금부터는 새로운 빵을 개발하자. 가격, 맛, 건강, 특화된 빵을 개발하는 거야.'

제과·제빵 기능사 자격증 두 개를 발급받아 집에 가니 아내와 아이들은 축하한다고 난리다. 하지만 왠지 김장수 씨의 마음 한구석은 겨울 들판처럼 휑하다.

하나를 배우면 다시 하나를 더 해보고 싶은 것이 사람인가 보다. 김장수 씨는 대형 빵집 때문에 빵집이 안 된다면, 대기업이 안 하는 것을 찾아야겠구나 싶었다. 생각해 보니, 그게 떡이었다. 떡을 배우려고 몇 군데 떡집을 다니며 알아보았지만 떡 만드는 것도 노하우이기 때문에 가르쳐주려는 곳이 없었다.

우선 학원에 등록해서 떡을 배우기 시작했다. 떡을 하니까 폐백도 같이 하면 어떨까 하는 생각이 들어 아내와 함께 학원에 등록했다. 육포와 오징어를 사다가 모양대로 오리는 연습을 했다. 집 안에는 온통 오징어 냄새가 배어 아이들이 코를 틀어막고 다녔다. 학원에서 배우는 것도 할 만큼 했다 싶어 이번에는 명장에게 배우기로 했다. 우리나라의 떡 명장이라는 사람이 대전엑스포아파트에 산다고 해서 김장수 씨는 수소문 끝에 그분을 찾아갔다. 일주일에 한 가지씩, 새로운 종류의 떡을 그 집에서 배웠다. 6개월을 배우고 나서는 실전이 필요했다.

대전 중앙시장에 가니 떡집이 두 곳 있었다. 두 집의 떡을 먹어보니 한 집의 맛이 월등히 좋았다. 추석 즈음에 떡집을 찾아가서 부탁했다. 빵과 떡을 배웠는데 떡 만드는 기술 좀 더 가르쳐달라고. 떡집 사장의 눈이 휘둥그레지더니, "경찰서장이 왜 힘든 떡집을 하려고 하느냐."고 말린다.

그렇다고 물러설 김장수 씨가 아니었다. 결국 사장으로부터 매일 토요일 새벽 5시에 오라는 말을 들었다. 아내가 사준 무릎까지 오는 장화를 들고 토요일 새벽에 찾아가니, 쌀을 한 말 불려놓았다. 떡집 사장이 "그동안 학원에서도 배웠고, 떡 명장에게 개인 지도도 받을 만큼 받았으니, 이제 만들어보세요."라고 한다. 떡 학원에서야 쌀 한 되 가지고 소꿉장난처럼 했지만 한 말씩 떡을 만들려고 하니 손이 떨렸다.

김장수 씨는 불린 쌀을 건져서 빻고 떡을 만들기 시작했다. 떡집 사장이 하는 것을 어깨 너머로 보면서 시키는 대로 해보았다. 팥떡을 했다. 칼로 네모지게 잘라야 하는데 손이 떨리는 바람에 떡 크기가 일정하지 않고 엉망이다. 학원에서 배운 것과 떡집에서 직접 만드는 것은 천지 차이였다.

새벽 6시 반쯤 좌판에 크기, 색깔대로 예쁘게 떡을 진열한다. 앞치마 두르고 무릎까지 오는 장화를 신고 막 뛰어다니는데, 시장 좌판에 앉아서 장사하는 아주머니들이 이야기하는 소리가 들린다.

"저 사람이 경찰서장이래! 떡집 차리겠다고 매주 와서 배우고 있다지 뭐야."

김장수 씨는 창피한 생각도 들었지만, 10년 후 목표를 생각하고 꿋꿋하게 일했다. 아침 10시쯤 일이 끝나서 집에 갈 채비를 하면 사장이 떡을 싸준다. 그렇게 6개월을 배웠다. 그때만 해도 '그래! 정년퇴직하고 1년쯤 서울 낙원떡집에 가서 더 배워야지. 그러고 나서 떡집 차려야지.'라고 굳은 결심을 했다.

'정성떡집'이라고 떡집 이름까지 미리 정하고 작은 간판을 제작해 집 현관에 붙여놓았다. 텔레비전에 떡집 이야기만 나오면 눈이 번쩍 뜨였다. 집에서도 연습해 본다고 조리 기구를 사서 떡을 만들다가 마루가 온통 쌀가루 범벅이 되기도 했다. 학원에서 떡을 만들 때에는 소금, 설탕을 계량해서 넣었다. 떡집 사장은 떡 만들 때 소금을 대충 한 주먹 집어서 넣는다. 계량기 같은 건 쓰지도 않는다. 그런데도 맛은 한결같다. 손 자체가 저울인 것이다. 그렇게 되기까지 20년 넘게 중앙시장에서 떡집을 했다.

한 가지를 적어도 10년 넘게 해야 전문가가 된다. 시작할 때에도 준비 단계가 필요하고 일단 '이 길이다'라고 생각하면 묵묵히 걸어가야 한다.

그러나 지금은 떡집 차리는 것도 좋지만 떡을 사먹는 것도 좋다는 생각이 든다.

안전지대에 있을 때에는 편하지만, 모든 기회는 안전지대 바깥, 즉 도전 지대에 있다.

호기심을 가져라

퇴직 후에도 계속 일을 하는 사람들을 살펴보면 대부분 퇴직 전부터 자기 특기를 만들고 자기 일을 준비해 왔던 사람들입니다. 퇴근 후 2시간을 알차게 보냈던 사람들입니다.

　퇴직 후 내 일을 갖기 원한다면 퇴근 후 2시간 동안 무엇을 하면 좋을까요? 이왕이면 현재 내가 하고 있는 일, 내 직장에서 더 나아가 업그레이드할 수 있는 일을 배우세요. 경찰이라면 경비 지도사 자격증을 따거나 은행에서 근무한다면 공인중개사 손해사정인 교육을 받는 것입니다. 그렇지 않다면 자신이 좋아하는 일을 배우세요. 사람 만나는 일을 좋아한다면 상담을 공부하고, 놀러가는 것을 좋아한다면 관광 가이드가 되는 교육을 받고, 손재주가 있다면 미용이나 요리를 배우는 것도 좋겠지요. 또 컴퓨터가 사람을 대체하는 시대에 컴퓨터가 못하는 일을 찾아보면 어떨까요?

　중요한 것은 호기심을 갖는 일입니다. 동호회를 통해 사람들과 정보와 친분을 나누는 일, 외국에 나갈 때 새로운 상품이나 서비스를 찾아보는 일 등에도 호기심이 필수입니다. '세상에 저런 일도 있구나.', '내가 저런 일을 해본다면 어떨까?' 나를 둘러싼 익숙한 것들에서 벗어나야만 새로운 길이 보입니다. 호기심은 나를 새로운 길로 이끄는 내비게이션입니다.

　일 외에도 퇴직을 염두에 두고 시작해야 할 것들이 있습니다. 공부와 취미, 운동입니다.

공부는 평생 하는 것입니다. 요즘처럼 기술과 사람들의 생각이 빨리 변하는 세상에서 공부는 잘 살기 위한 수단이지요. 주자학의 입문서인 《근사록》의 '위학편'에서는 '사람이 배우지 않으면 빨리 늙고 쇠약해진다.'고 하였습니다. 방송통신대학이나 평생교육원 등록하기, 석사 또는 박사 학위 도전하기, 대학 특강 듣기, 스터디 그룹 만들기, 온라인 강의 듣기 등 공부할 내용도, 공부 방법도 무궁무진합니다. 내 입장에 맞게 시작해 봅시다.

취미는 은퇴 생활에 꼭 필요한 동반자입니다. 취미의 종류도, 즐기는 방법도 역시 무궁무진합니다. 취미계의 초짜라면, 어떤 것을 시작할지 결정하기 어렵다면, 우선 사진으로 시작해 보는 것은 어떨까요. 손쉽게 접근 가능한 블로그, SNS에는 이미지가 넘쳐납니다. 요즘 사람들은 사진으로 기록하고 사진으로 소통합니다. 휴대전화 카메라도 활용하면 재미있는 사진을 많이 얻을 수 있으니 이것으로 시작하는 것도 좋습니다. 사진으로 유명한 블로그를 방문하거나 사진 전시회에 다니다 보면 안목이 높아질 수 있습니다.

운동도 마찬가지입니다. 은퇴자들이 동네 헬스장에 등록하거나 산을 오르는 일은 무척 흔합니다. 하지만 1년 열두 달 러닝머신 위를 달리거나 산을 오르다 보면 서서히 싫증이 납니다. 운동도 지치지 않고 즐기기 위해서는 전략이 필요합니다. 먼저 종합건강검진을 받아보세요. 그리고 자신의 체중, 혈압, 혈당, 체지방, 내장 비만도 등을 도표로 작성한 뒤 자신에게 적절한 운동법을 찾아봅시다. 당뇨가 있다면 걷기 운동, 고혈압이라면 가벼운 운동, 체중을 줄이기 위해서라면 식이요법을 병행한 달리기 등이 좋겠지요. 자신이 꾸준하게 즐길 수 있는 방법을 찾아서 운동합시다. 또 3개월에 한 번씩 건강지수를 체크해서 운동이 자기 몸에 미치는 좋은 영향을 눈으로 확인해 봐야 합니다.

다양한 분야에 관심과 호기심을 갖고 퇴직 이후를 준비한다면 100세 인생이 즐거운 축제가 될 것입니다.

무식해서 용감하다

학원에서 김장수 씨에게 떡을 가르치던 젊은 선생님이 혜천대학교 옆에 직접 떡집을 차렸다. 원래 한식 전문가였지만 떡에 대해서 본격적으로 배우고 나서 떡 전문가로 나선 것이다.

뒤늦게 떡을 공부하고 가게까지 차린 것을 보고 김장수 씨가 놀라워하자 그녀는 이렇게 말했다.

"때로는 무식할 필요가 있어요."

그 인연으로 김장수 씨는 경찰서 직원들 생일이 되거나 내부 행사를 할 때면 꼭 그 집에서 떡을 주문했다. 처음에는 어렵게 시작했는데 몇 년이 지난 뒤에는 한 달 순수익이 1,500만 원 정도가 되었다고 한다. 매 순간 성실히 사는 그녀를 보면 당장 흘리는 땀이 눈에 보이지는 않더라도 서서히 축적된다는 것을 배울 수 있다. 김장수 씨는 자신의 노력 또한 좋은 결실을 볼 것임을 의심치 않았다.

퇴직이 3년여 남았을 때쯤, 김장수 씨는 코앞으로 다가온 퇴직으로 은근히 마음이 불안했다. 10년 전부터 은퇴 걱정을 하고 이것저것 준비를 했지만, 빵이나 떡이 시기적으로 탐탁지 않았다.

그러던 어느 날 아침, 텔레비전에서 수제 초콜릿, 설탕 공예에 대한 이야기가 방영되었다. 수제 고급 초콜릿! 그래 바로 이거다! 남들이 안 하는 것을 해야지!

김장수 씨는 예전에 빵을 배우던 성심당 제과제빵학원에서 한 달에 25만 원씩 수업료를 내고 배우기로 했다.

막상 배우려니 수제 초콜릿은 손 기술이 있어야 했다. 작은 장식을 만드는 데 섬세한 손길이 필요한데 그가 만드는 것은 아무래도 모양이 안 나왔다. 앞치마가 온통 초콜릿 투성이였다. 보통 작품 하나를 만드는 데 하루가 걸렸다. 초콜릿으로 과자, 사탕, 꽃 모양 등 제과점에서 파는 것처럼 따라서 해보지만 완성품을 보면 아무래도 상품성이 없을 것 같았다. 좌절감이 밀려왔다.

아내에게 "여보, 나 정년퇴직하고 관광버스 운전하면 어떨까?" 하고 슬쩍 물었다. 아내가 대꾸를 안 한다. 아내가 좋다고 했으면 아마 대형 운전면허를 따러 다녔을 것이다.

퇴직 후 무엇을 할 것인지가 손에 잡히지 않으니, 김장수 씨는 마음이 천 갈래 만 갈래다. 텔레비전에서 웰빙 시대, 힐링 시대라고 떠든다. 조금 비싸지만 건강을 생각해서 먹거리도 좋은 것을 찾는다는 것이다. 김장수 씨는 제대로 된 아이템을 찾은 기분이 들었다.

"그래! 대세를 따라야지. 웰빙 하면 단연 두부지."

대전 구즉동에는 묵 마을이 있다. 마을 전체가 묵 만드는 집이기에 혹시 손두부를 만드는 집도 있는가 알아보니, 있다고 한다. 김장수 씨가 찾아가니 큰 가마솥에다 통을 올려놓고 장작불을 때고 있었다. 손두부를 만들려면 먼저 콩을 갈고, 불을 때고, 간수를 하고, 두부를 상자 틀에 집어넣은 뒤 큰 돌로 눌러준다. 시간이 지나니 김을 풀풀 풍기면서 뜨끈뜨끈한 두부가 나온다. 보고 있자니 구미가 당긴다. 김장수 씨는 매주 일요일에 두부를 배우러 가기로 했다.

김장수 씨의 생각은 껑충껑충 앞을 향해 달린다.

'그래! 집에 손님이 오면 두부를 만들어주자. 그리고 갈 때 비지를 선물하는 거다.'

콩을 가는 기계를 샀다. 간수를 준비하고 솥을 걸었다. 집에서 해 보니 마음대로 안 된다. 두부는 만드는 과정에서 미묘한 차이가 있는 듯하다. 콩 삶는 것, 콩 가는 것, 간수하는 것 하나하나가 기술이 있어야 한다. 기술 없이 할 수 있는 방법은 없을까? 완제품을 만들어 파는 것보다 손님들과 함께 두부를 만드는 것은 어떨까? 같이 불을 때고 두부를 만들어 상을 차리는 체험 요리는 어떨까? 두부는 건강식품이니, 국산 콩으로 해야겠지? 하지만 계산해 보니, 국산 콩으로 장사했다가는 아무래도 망할 것만 같다. 대량으로 팔면 모를까 도저히 승산이 나지 않는다.

결국 김장수 씨는 두부도 퇴직 후 사업 아이템으로는 적절치 않다는 것을 뒤늦게 깨달았다. 지금도 김장수 씨네 창고 안에는 콩 가는 기계, 두부 짜는 베가 먼지가 쌓인 채 놓여 있다.

평생직업

김장수 씨가 빵, 떡, 초콜릿, 두부를 배우는 동안 세월은 빠르게 흘러갔다. 이제 얼마 안 있으면 퇴직할 텐데, 그때쯤이면 아이들이 대학에 들어가서 돈이 많이 들 텐데…… 걱정이 태산이다.

세무사, 회계사, 법무사, 중개사, 변호사, 약사, 의사가 눈에 띈다. 얼마나 행복한 사람들인가! 건강하기만 하면 죽을 때까지 할 수 있는 직업이다. 이 말을 부하 직원에게 하자, 그가 한마디한다.

"원래 '사' 자가 들어간 직업이 최고지요."

그동안 빵, 떡, 두부 등을 배우러 다니느라 퇴근하고 두세 시간을 꼬박꼬박 투자했는데 막상 손에 잡히는 것이 없었다.

"그래, 나도 죽을 때까지 할 수 있는 것, '사' 자 들어가는 것을 하자."

노동관계 해결사, 노무사 자격증이 적격이란 생각이 들었다. 김장수 씨는 바로 서울 신림동에 있는 고시 학원에 문의했다. 3개월 수강료, 동영상 수강비, 교재비 등을 포함해서 250만 원이라고 해서 주말에 서울로 상경했다. 주말마다 와서 2년 정도 공부하면 거의 합격한다고 설명한다. 학원 입구에 붙여놓은 합격 수기를 읽어보니 벌써 합격할 것만 같다.

김장수 씨는 그 자리에서 등록을 했다. 당시 청사 경비대 근무를 했기 때문에 주말에 특별한 일이 없으면 새벽 첫차를 타고 서울로 갔다. 터미널에 내려 지하철을 타고 신림동에 도착하면 9시. 가서 보니 또 그가 원장급이다. 나이가 제일 많은 것이다. 오전에 강의 듣고, 점심 먹고, 오후 강의 듣고, 저녁 먹고, 다시 강의를 듣는다. 저녁 10시에 수업이 끝나면 마지막 고속버스를 타고 집으로 내려 갔다. 학원에 못 가는 날은 온라인 강의로 대체했다. 그렇게 3개월 과정을 마쳤다. 그런데 주관식으로 출제되는 노동법이 아무리 해도 외워지지 않는다.

20~30대에는 경감 승진 시험에서 전국 1등을 했다. 그 당시에는 기억력이 좋아 주관식이라도 가볍게 외웠는데, 지금은 외우고 나서 종이에다 쓰려고 하면 제목만 기억난다.

김장수 씨가 이래저래 고민하고 있는데 아내가 말한다.

"여보, 당신 나이도 50대예요. 세월 가는 것 좀 생각해 봐요."

또 불안해진다. 쓸데없는 데에 시간과 돈을 버리고 있나 하는 생각이 들었다.

드디어 첫 번째 시험을 보았다. 문제 지문이 시험지의 반을 차지한다. 너무 길어서 문제 읽기도 숨차다. 시험을 보고 나니, '민법과 채권법에서 과락만 면하면 될 것도 같은데……'라는 생각이 들었다. 올해는 1차만 통과하고 내년을 대비해 2차 공부를 시작하자는 것이 김장수 씨의 계획이었다.

합격자 발표 날이 되었다. '30041' 수험 번호가 없다. 서울대 출신의 30대 친구, 공무원인 40대 아주머니, 김장수 씨, 이렇게 학원에서 만나 같이 스터디한 셋이 모두 떨어졌다. 그런데 설상가상이다. 내년부터 영어 시험이 없어지고 토익 700점으로 대체된다고 한다. 아내가 다시 한마디 거든다.

"여보, 노무사는 20~30대에 자격증 따서 50대에는 자리 잡아야지 정상인 거야. 당신처럼 50대 후반에 노무사 시험에 합격한들, 그때부터 영업하고 언제 뛰어서 돈을 벌 거야? 토익 공부는 또 어떻게 하려고?"

이 시험을 준비하면서 학원비, 동영상 수강비, 교재비, 그동안 쓴 돈과 시간이 아까운 생각이 든다. 더 해야 되는 거야, 말아야 되는 거야? 토익은 어떻게 준비해야 하는 거지? 밤새도록 잠이 안 온다. 김장수 씨는 그 뒤에도 고시 학원을 2년 더 다니며 토익 학원과 영어 개인 과외까지 받으며 영어 성적 올리는 데 주력했지만, 아무리 해도 오르지 않는 영어 점수 때문에 결국 노무사 공부를 접어야만 했다.

10년 동안 딴 자격증이 몇 개인가? 이를 위해 학원에 갖다 바친 돈만 생각하면 자다가도 벌떡 일어날 판이다. 하지만 곰곰이 생각해 보니 자격증을 딴다고 모든 일이 이루어지는 것은 아니었다. 적성에 맞고 좋아하는 일을 찾는 것도 중요하지만, 이를 어떻게 자신의 경력으로 살리는가는 별개의 문제다. 그가 속상한 것은 정말 어려울 때 속마음을 이야기할 수 있는 사람, 진로에 대해 같이 고민하고 지도해 줄 멘토가 없다는 점이다. 그동안 수도 없이 많은 사람들과 만나고, 밥 먹으며 친분을 쌓고, 사회생활을 잘했다고 자부했는데, 이런 때에 막상 속을 털어놓고 상의하고 조언을 받을 사람이 없다. 갑자기 인생이 허무하게 느껴지는 것도 당연하다.

자신의 적성과 특기를 찾는 것뿐 아니라, 이를 시장에서 팔리는 상품으로 만드는 데에도 노력이 필요하다.

인턴 과정이 필요한 이유

경찰서장을 먼저 지낸 선배가 재취업 준비로 고민하는 것을 본 적이 있다. 매사에 원칙을 중요시하고 빈틈이 없는 선배라서 경찰로서 평생 큰 탈 없이 지낼 수 있었지만, 때로는 주위 사람들에게 다가가기 어려운 사람으로 비쳐지기도 했다.

그는 정년 5년 전부터 무엇을 할까 고민했다고 한다. 자기 사무실이 있어야 하고, 출근과 퇴근을 해야 했다. 또 자기가 문 열고 싶은 시간에 문을 열고 닫고 싶을 때 닫는 자유가 있어야 했다. 경찰 생활을 하는 동안 시간에 구속되었지만, 정년퇴직을 하고는 자유롭게 지내고 싶었다. 거기에 적합해서 선택한 퇴직 후 직업이 공인중개사였다. 현직에 있을 때 준비해야 한다며 퇴근하고 학원을 다녔는데, 김장수 씨가 결재를 받으러 방에 들어가면 민법, 민사 소송법, 중개업법 등 공인중개사 공부와 관련 있는 책이 항상 눈에 띄었다. 2년 동안 학원을 부지런히 다니더니, 결국 자격증을 취득했다.

"정년퇴직을 하면 바로 송촌동에다 중개사 사무실을 열 거니까 놀러와."

선배는 이렇게 말하며 좋아했다. 그는 그 말대로 정년퇴직을 하자마자 한 달 만에 부동산 사무실을 차렸다. 그런데 30년 동안 경찰이라는 완장을 차고 있었던 사람이다. 손님들을 대할 때도 부하직원 대하듯 뻣뻣했다. 모든 것은 원칙대로 하고 빈틈도 없었다. 조직에서는 통할 수 있지만, 사회라는 바다는 조직과는 전혀 다른 곳이었다. 점점 손님이 줄어들더니 1년을 못 버티고 결국 사무실 문을 닫게 되었다. 시행착오를 겪고 난 뒤 선배는 김장수 씨에게 말했다.

"조직에 있을 때에는 온실 속에 있는 꽃이지만, 퇴직을 하고 나면 야생화가 되어야 해. 그게 쉽지가 않아. 난 자격증만 있으면 다 될 줄 알았는데 그게 아니었어."

때늦은 후회다. 퇴직 준비는 최소한 10년은 해야 한다. 그 10년 동안 내 적성과 스타일을 객관적으로 파악해야 한다. 그리고 실습을 해야 한다. 인턴사원의 마음으로 밑바닥에서부터 배우는 자세도 필요하다.

당신이 퇴직을 준비하고 있다면

적성을 찾아라

퇴직 후 제2의 일을 하기 위해서는 우선 내가 무엇을 가장 잘할 수 있는가를 알아야 합니다. 내가 무엇을 잘할 수 있는가에 대한 고민은 나 자신이 어떤 사람인가에 대한 근본적인 질문에서부터 시작됩니다. 나는 어떤 삶을 살아왔나? 어떤 꿈을 갖고 있나? 앞으로의 인생은 어떻게 살아가고 싶은가?

퇴직 이후의 인생은 나를 위한 삶이 되어야 합니다. 과거에는 부모의 선호에 따라 대학을 들어갔고, 가족을 부양해야 하므로 월급을 꼬박꼬박 받을 수 있는 직장을 선택했습니다. 지금부터는 자신이 가장 좋아하고 가장 잘할 수 있는 일을 찾아야 합니다. 이때까지 하던 일이 그 답일 수도 있고, 전혀 새로운 분야에서 자신의 재능을 발견할지도 모릅니다.

그런데 어떻게 자신의 적성과 재능을 찾을까요? 흔히 자신의 강점을 찾으라고 하면, '나는 특별한 재능이 없는 사람, 평범한 사람'이라고 답하는 사람들이 많습니다. 여기서 자신의 강점은 다른 사람과의 비교를 통해 '잘한다', '재능이 있다'라는 차원이 아닙니다. 다른 사람과의 비교를 통해 자신의 탁월한 재능을 찾을 수 있는 사람은 많지 않습니다. 그런 사람은 행운아입니다.

나의 강점은 여러 가지 특성 가운데 가장 두드러지는 점입니다. 아무리 평범한 사람이라도 잘하는 것 한 가지씩은 있지요. 그리고 자신이 하고 싶은 일이 무엇인지, 마음에도 귀를 기울여야 합니다. 흔히 '자신이 하고 싶은 일보다 잘하는 일을 하라.'는 말을 많이 합니다. 좋아해서 노력을 한다 해도 다다를 수 있는 경지에 한계가 있기 때문입니다. 하지만 제2의 인생을 살 때에는 내가 얼마나 높은 산에 오르느냐가 중요한 것이 아니기 때문에 좋아하는 일을 하는 것이 맞습니다. 제2의 직업은 의미하는 바가 다릅니다. 돈을 벌고 나의 존재와 명성을 증명하는 도구가 아니라 나의 소명을 발견하고, 나를 표현하며, 타인과의 관계 발전을 통해서 사회에 기여하는 것이 제2의 일을 선택하는 기준입니다.

나 자신에게 집중해야 합니다. 다른 사람의 이목이나 평판에 신경을 쓰는 것은 시간 낭비입니다. 직장에서는 '저 사람, 문제가 많은데?' 또는 '독불장군이야.'라는 평판은 치명적이었습니다. 원만한 사람이 되기 위해 자신의 기질이나 주장을 펼쳐볼 수가 없었습니다. 하지만 이제는 맞추고 살아야 할 기준이 사라졌습니다. 그냥 나답게 살면서 나의 가장 좋은 측면들을 가꾸어 나가면 됩니다. 자신에 대해 알아보기 위해 기질 검사나 적성 검사를 받아보는 것도 도움이 됩니다.

간혹 구조조정으로 회사를 나가거나 명예퇴직을 한 후 초고속으로 재취업을 하는 사람들이 있는데, 그들을 보면 부럽기도 하지만 한편으로는 아슬아슬해 보이기도 합니다. 일 없이 쉬는 것이 답답하니까, 자리가 있다고 해서 서둘러 재취업을 하지만 결국 자기에게 맞지 않아 다시 나오는 경우도 많기 때문입니다. 자신의 적성이나 성향을 고려하지 않고 뛰어들었다가 적응하지 못하고 나와서 다시 몇 개월, 길게는 1년 이상의 힘든 구직 활동을 하는데, 이는 시간과 노력 낭비입니다. 빨리 취업하는 것도 중요하지만, 한번 취업하면 얼마나 오래 일할 수 있는가도 따져볼 필요가 있습니다. 오래 일할 수 있는 직업이란 자기 자신에게 편안해서 오래 입을 수 있는 옷과 같은 일입니다.

50대에 새로운 일을 시작하더라도 직업 설계만 잘하면 20년은 거뜬히 할 수 있습니다. 조금 시간이 걸리더라도 정말 내가 좋아하는 일, 오래 할 수 있는 일을 찾아서 하는 것이 좋습니다.

저녁 시간은 내 것이다

퇴근 후 2시간을 퇴직 준비로 사용하기로 마음먹었다면 시간 관리에 철저해야 한다. 월급은 적당히 일해서 나오는 것이 아니기 때문에 현직에도 계속 최선을 다해야 함은 물론이다. 일을 끝낸 뒤 자신을 위한 시간을 마련하려면 시간 관리에서도 나름대로의 노하우를 쌓아야 한다.

김장수 씨의 경우, 새벽에 1시간 정도를 자신만의 시간으로 사용한다. 5시에 일어나면 누구한테도 간섭받지 않는 시간을 갖게 된다. 가족들이 기상을 하기 시작하면 내 시간은 없다. 아이들과의 시간, 아내와의 시간, 출근하면 상사, 동료, 부하 직원과의 시간이다. 점심시간도 혼자만의 시간은 아니다. 퇴근 때가 되면 다시 상사를 위한 시간이다. 저녁에 상사와 삼겹살에 소주 한잔 하고, 노래방을 들렀다 집에 가면 11시.

한국의 직장 문화가 거의 이렇다. 회사가 사원들의 노후를 책임져 주는 것도 아닌데, 이들이 퇴직 후를 준비할 시간마저 빼앗는 게 타당한가?

김장수 씨는 자신이 경찰서장이 되면 절대로 부하들의 저녁 시간을 빼앗지 않겠다고 결심했다. 부임 첫날에 직원들에게도 공약했다. 윗사람이 시간을 만들어줘야 부하들도 자유롭게 자기 시간을 사용할 수 있다. 퇴근 후 개인 시간을 갖는다고 해서 업무 능력이 떨어지는 것은 절대 아니다. 오히려 자기 시간을 알차게 사용한 직원들이 근무 시간에 더 충실할 수 있다. 출근해서 '카톡' 하고 주식 시세 챙겨 보고, 커피 마시러 나가서 30분씩 시간 죽이는 것은 '야근하면 된다'고 생각하기 때문이다.

물론 회식을 통한 직원들과의 교감도 필요하다. 그래서 김장수 씨는 저녁 회식을 줄이는 대신 점심시간을 할애했다. 외근이 없는 직원들은 모두 구내식당에서 만나기로 했다. 어차피 점심은 먹어야 하니, 축하할 일도, 의논할 일도 그 시간에 하기로 한 것이다.

약속이 있는 과장들은 나가서 식사하고 약속이 없는 과장들은 구내식당에 모이면 된다. 대신 매주 수요일 저녁은 직원, 동료끼리 만나지 말고 각자 자유 시간을 갖거나 취미 생활을 하도록 권했다. 김장수 씨가 경찰서장을 하는 동안 이것만은 꼭 지켰다. 처음에는 직원들이 어색해했지만 나중에는 자기 시간을 활용할 수 있다고 다들 좋아했다.

물론 최대 수혜자는 김장수 씨 자신이다. 11년 동안 저녁 시간을 그렇게 활용했던 것이 퇴직 후를 준비하는 데에 큰 도움이 되었다.

퇴근하고 2시간 투자하면 퇴직 후에 명함이 생긴다.

현장이 답이다

마눌님이 좋아하는 드라마가 시작되고 음식물 쓰레기를 버리러 나가는 김장수 씨의 일과는 변함이 없다. 음식물 쓰레기통을 들고 나왔다가 구석에서 담배를 피우는 최고민 부장을 다시 만났다.

"부장님, 담배는 끊으셔야겠어요."

아직도 담배 연기가 혐오보다는 유혹으로 여겨지는, 흡연자의 과거를 지닌 김장수 씨는 자신의 생각을 들키지 않으려고 얼른 이렇게 말을 건넸다.

"글쎄, 저도 그러고 싶은데 쉽지가 않네요."

최 부장은 뒷머리를 긁는 제스처로 민망함을 드러낸다. 그리고 속으로만 중얼거린다.

'마음 같아서는 끊고 싶지요. 하지만 지금은 담배 없이 버티기가 힘든걸요.'

"업무 스트레스가 많지요? 그래도 현장에 있는 게 좋은 겁니다."

두 사람은 이런저런 이야기를 나누지만 결국 일에 대한 이야기로 대화가 흘러간다. 그러고 보면 은퇴한 김장수 씨보다 직장이 있는 최 부장의 마음이 더 무거운 것 같다.

미래의 자신을 위해서는 '퇴근 후 2시간'이 필요하고, 현재의 직업 생명을 위해서는 '현장'이 답이다. 현장에서 얼마나 열심히 살았는가, 현장을 얼마나 파악했나, 현장을 얼마나 내 것으로 전문화했는가 스스로에게 물어볼 필요가 있다. 자신이 어떤 현장에 놓여 있는지 스스로를 똑바로 인지해야 하는 법이다. '현장이 답이다'는 김장수 씨의 생활 모토이기도 하다. 여기에는 나름 사연이 있다.

2004년 여름은 유난히도 비가 많이 왔다. 연초부터 발생한 강도, 절도 사건은 해결의 기미가 보이지 않아 경찰청장으로부터 문책이 계속되고, 경찰들도 집에 제때 들어가지 못하는 상태였다. 신문과 방송에서도 연일 '치안 부재, 경찰 무엇 하고 있나!' 하는 비난이 쏟아져 나왔다.

8월 8일 일요일 새벽 5시에 당시 서장이었던 김장수 씨에게 전화가 걸려왔다.

"서장님! 드디어 그 날치기 강도 잡았습니다."

수사과장이었다.

"수고했네, 수고했어."

10년 묵은 체증이 쑥 내려가는 기분이었다.

김장수 씨가 일요일 아침에 출근해서 보니 피의자 세 사람이 앉아 있었다. 사건 경위를 알아보니, 범행을 할 때 타고 다니던 차량의 번호판을 신탄진 철교 밑에 버려서 그동안 추적이 되지 않은 것이었다. 이제 증거물인 번호판만 찾으면 되었다. 마음이 급해졌다. 의경 149중대와 수사과 전원을 동원해서 번호판을 찾아보자고 했다. 1시간쯤 지나자 수사과장에게서 전화가 왔다. 번호판을 찾으러 간 의경 한 명이 물속에서 나오지 않는다는 것이다. 경찰서에서 신탄진 철교까지는 차가 속도를 내면 10분 정도 걸린다. 김장수 씨는 수만 가지 걱정을 하며 허겁지겁 경찰서를 나섰다. 현장에 도착해 보니 의경들이 보였다.

8월이라 강우에 대비해 대청댐에서 물을 많이 방출했는지 수량도 많고, 물은 10센티미터 아래도 들여다보이지 않는 흙탕물이었다. 수색하던 한 대원이 갑자기 물속으로 사라지자 그 대원을 구하려고 또 다른 대원이 따라 들어갔다가 나오지 않는다는 것이다. 김장수 씨는 비통함을 감출 길이 없었다. 책임자인 자신이 현장에 있었다면 어떻게 지시했을까? 비상시를 대비해 119라도 사전에 불러놓았을 것이고, 대청댐 사무소에 물을 줄여달라고 요청했을 것이다. 아니, 애초에 대원을 절대 물속으로 들여보내지 않았을 것이다. 모든 것이 후회스러웠다. 30여 분을 더 기다렸지만 의경은 끝끝내 물 위로 올라오지 않았다. 청장에게 보고를 드렸다.

"일단 사람부터 찾고 이야기하자."

청장이 짤막하게 말했다.

"면목 없습니다, 청장님."

결국 30여 분이 지난 뒤 김장수 씨는 의경의 부모에게 전화를 걸었다. 현장에 도착한 부모는 김장수 씨의 멱살을 잡고 울부짖었다.

"야! 네가 서장이면 다야? 네 아들이면 여기에 번호판 찾으라고 집어넣었겠어?"

입이 열 개라도 할 말이 없다는 말은 그런 때를 두고 하는 말이었다. 더욱이 외아들이란다. 김장수 씨는 자기 자신이 너무 미웠다. 편안한 의자에서 앉아 보고만 기다리던 것이 죄스러웠다. 지금쯤 서른네 살이 되었을 그 청년…… 지금도 대전현충원에 가면 가슴이 아프다. 1년에 한 번씩 명태포와 소주를 들고 죽은 의경의 무덤에 간들 무슨 소용이 있겠는가? 그에게는 현장에 있어야 할 책임자로서 '현장에 없었던 것'이 되돌릴 수 없는 과오가 되었다.

그 뒤 김장수 씨는 아깝게 목숨을 잃은 그 의경과 같이 죽었다가 살아난 심정으로 무조건 현장 중심 업무형으로 변했다. 직접 움직여 현장에 나가고, 사람을 만나고, 현재의 현장을 가장 중요하게 생각했다. 그것이 지금의 그에게는 현장에 대한 냉정하고 명확한 판단을 하게 했고 몇 걸음 앞을 내다보게 했다.

아직 늦지 않았다

김장수 씨로부터 '현장 이론'을 들은 최 부장이 숙연해졌다.

"제가 큰 과오 없이 직장 생활을 해온 것만 해도 감사해야 할 일이군요."

"저도 그때의 일이 있었음에도 경찰로서 명예롭게 퇴직할 수 있게 된 것은 하늘이 도운 일이라고 생각합니다. 한 직장에서 정년퇴직할 수 있다는 건 특별한 일입니다. 요즘은 평생직장이라는 개념 자체가 없잖아요."

최 부장은 졸업과 동시에 취업이 되던 고도 경제성장 시대에 대학을 졸업했다. 넉넉하게 살지는 못했더라도 맞벌이를 하지 않고서도 두 자녀를 먹이고 교육시키면서 집까지 장만했다.

그는 솔직히 집에서 지내는 시간보다 회사에서 더 많은 시간을 보내는 '회사 인간'이다. 회사에서 인정받기 위해 열심히 뛰다 보니 가족들과 아기자기하게 살지도 못했고, 취미 생활 같은 건 꿈도 꾸지 못했다. 회사밖에 없는 인생. 어쩌면 그런대로 자기 인생에 만족했을지도 모른다. 갑작스런 구조조정으로 동료들이 회사를 떠나고, 남은 사람들은 떠난 사람들의 몫까지 해내느라 기진맥진했지만 꿋꿋이 버텼다. 경영진이 바뀌고, 부하 직원이 하루아침에 상사가 되고, 그만큼 서먹해지는 사무실 분위기만 아니었어도, 그는 '회사원'이라는 이름표가 '안정되고 평탄한 삶'의 대명사로 여겨져 싫지 않았을 것이다.

"최 부장님, 미국인들은 평생에 걸쳐 열한 번 직업을 바꾼답니다. 이제는 내 재능을 사주는 곳이라면 여기저기 돌아다닐 각오를 해야 합니다."

"문제는 기업에서 비싼 값을 내고서라도 붙잡고 싶은 재능을 갖고 있느냐 하는 것이군요. 저에게도 앞으로 기대어 살아갈 만한 재능이 있을까요?"

최 부장의 목소리에 슬쩍 불안이 묻어난다.

"왜 없겠어요. 지금 눈에 보이지 않는다고 없는 것은 아니지요. 당장 생각이 나지 않으면 지금부터라도 찾아보세요."

"사실 김 서장님을 보면서 저도 뭔가를 시작해야겠다는 생각이 많이 들었습니다. 회사 내에 목공 동아리가 있는데 거기에 들어가볼까 해요. 손재주는 있는 편이거든요."

"좋은 생각입니다. 시작이 중요합니다."

"그렇죠? 이번 여름휴가 때는 지방에 공방을 가지고 있는 고등학교 동창 집에서 휴가를 보낼까 합니다."

"이왕 배우기로 한 거 적극적으로 해야지요. 내친김에 대학에서 전문 교육을 더 받아보는 건 어떨까요?"

"이 나이에 공부를 시작한다는 게 좀…… 머리가 굳어서 공부가 될까요?"

"미켈란젤로는 나이 70세에 〈최후의 심판〉을 그렸다고 합니다. 그에 비하면 우리는 아직 젊습니다. 무슨 일이든지 새로 시작할 수 있습니다."

"새로 시작한다는 말…… 참 좋네요. 하지만 어떻게 시작해야 하는지 막막해요."

"먼저 자신에게 투자하세요. 외국어를 배우든 새로운 기술을 배우든, 자기 재능을 개발하는 데 돈을 쓰세요. 돈이 아깝다는 생각을 버리세요. 돈은 쓰기 위해 버는 거잖아요. 자식에게 투자하는 것도 좋지만 자신에게도 투자해야 합니다."

요즘은 '샐러던트'라는 말이 있다. 샐러리맨과 스튜던트student의 합성어다. 월급 받아 회사 다니는 샐러리맨들도 계속 공부를 해야만 사회와 직업의 변화에 대처할 수 있다. 스스로를 계속 업그레이드해야 한다.

당신이 퇴직을 준비하고 있다면

현직에 있을 때 시작하라

대부분의 퇴직자들이 재취업을 하거나 창업을 할 때 범하는 잘못이 회사를 나와서 할 일을 찾기 시작한다는 것입니다. 직장을 떠나는 순간, 늘 접하던 정보에서 멀어지고, 도움을 줄 수 있는 사람들, 즉 네트워크에서도 멀어집니다. 백수가 되는 순간 심리적으로 위축이 되고 초조해지기 때문에 새로운 출발을 하는 데 필요한 의지나 의욕을 갖기가 더 어려워집니다. 그나마 안전망이 있을 때 실직의 위험에 대비하여야 합니다.

새로운 기술을 익히고 싶다면 퇴근 후에 학원을 다니고, 학위가 필요하면 야간 대학원에 등록하십시오. 창업을 하더라도 현직에 있을 때 시작하십시오. 물론 재직자가 사업을 하는 것이 금지된 경우가 많기 때문에 쉬운 일은 아닙니다. 여의치 않으면 아내 이름으로 시작하는 것도 방법입니다. 확고한 목적의식을 가지고 궁리한다면 다 방법이 있게 마련입니다. 하물며 칼국수 장사를 하더라도 현직에 있을 때 시작하는 게 낫습니다.

직장을 다니면서 다른 일을 준비하는 것에 대해 '회사를 배신하는 것'이라고 여길 수도 있습니다. 하지만 회사는 나를 평생 책임져 주는 곳이 아니라는 것을 알아야 합니다. 회사 입장에서도 위기에 처해 직원들을 내보내야 하는 상황이 왔을 때 준비된 직원들을 내보내는 것이 원망을 덜 듣고 오히려 마음이 편할 것입니다.

어떤 사람들은 지금도 야근이나 회식으로 바빠서 아이들 얼굴 보기도 어려운데 어떻게 학원을 다니고 다른 일을 구상할 수 있겠느냐고 말합니다. 맞습니다. 한국의 직장 문화 가운데 잘못된 것이 있다면 직원들에게 자기 시간을 주지 않는 것입니다.

하지만 한번 생각해 봅시다. 야근을 해야 할 정도로 늘 일이 많은가요? 어쩌면 야근에 익숙해져 업무 시간에는 느긋하게 지내다가 회사에 남아서 일을 처리하는 것은 아닐까요? 그렇다면 일을 업무 시간 내에 끝내도록 합시다. 맺고 끊음이 있어야 합니다. 또 아무리 바쁜 기업이라도 주말은 있습니다. 그런데 주말에는 밀린 잠을 자느라, 하릴없이 여기저기 불려 다니느라 시간을 헛되게 보내고 있는 것은 아닌가요?

잦은 회식 자리도 문제입니다. 혹시 회식에 빠지거나 술을 마시지 않으면 사내 정치에서 밀릴까 봐 불안한가요? 하지만 자신이 이 자리에 오기까지 회식과 술이 꼭 필요했는지 스스로에게 물어볼 필요가 있습니다. 회식 문화도 많이 바뀌었습니다. 이제는 부서장들도 부하 직원들에게 지나치게 잦은 회식 참여를 강요하지 않습니다. 과거의 습관대로 업무가 끝난 뒤 반드시 술 한잔을 걸쳐야 하고 부하 직원들이 핑계를 대며 회식을 빠질 때 언짢아하는 나이 든 부서장이 바로 나 자신은 아닌가요?

퇴근 후 2시간이면 일주일에 10시간이 되고, 주말에 잠자고 쉬는 시간을 제외하고 하루에 5시간씩, 10시간이 됩니다. 주중과 주말 합쳐서 일주일에 20시간을 자신을 위해 쓸 수 있습니다. 그러면 1년에 1,000시간, 5년이면 5,000시간이 되고 10년이면 1만 시간이 됩니다. '1만 시간의 법칙'을 기억하지요?

직장 생활을 하면서 10년 동안 '퇴근 후 2시간'만 잘 실천한다면 한 분야의 인정받는 전문가가 되어 있을 것입니다. 외국어를 능숙하게 할 수 있고 박사 학위도 딸수 있습니다. 그런데 그 시간에 잠을 자거나 텔레비전을 보거나 일의 연장이라는 핑계로 술을 마시며 보내는 것은 너무 아깝지 않은가요?

2부

김장수 씨는
퇴직 후
무엇을 하였나?

지나온 삶을 한번 돌아보며
혹시 젊었을 때 여건이 닿지 않아 포기했던 일이나
취미 활동은 없었는지 살핍니다.
취미 활동을 발판 삼아 제2의 인생을 시작하는 것은 어떨까요?
지금부터 시작해도 늦지 않았습니다.
앞으로 20~30년을 더 일하고 싶다면
무엇을 준비해야 할지 곰곰이 생각해 봅시다.

김장수 씨, 행복 강사가 되기까지

최고민 부장은 주말에 외출을 하고 돌아오다 김장수 씨를 만나 반갑게 인사를 건넸다. 거의 한 달 만에 마주친 것이다. 운동을 하고 들어오는 길이라는 김장수 씨는 활기가 넘쳐 보였다. 그동안 사무실을 열고 강의 준비를 하면서 바쁘게 지낸다는 얘기는 들었던 터다.

"무슨 좋은 일 있으세요? 얼굴이 좋아 보이십니다."

최 부장은 자기도 모르게 인사를 건넸다. 밝은 표정을 보면 상대방은 편안함을 느끼고 대화를 원하게 된다. 반면 구름 낀 표정을 한 사람에게 말을 걸었다가는 소나기를 만날지도 모른다. 되도록 피하는 게 사람 심리다.

"아, 네, 오랜만입니다. 최 부장님도 잘 지내죠?"

최 부장과의 저번 날 만났을 때 했던 말이 떠오르자 김장수 씨는 얼른 자신의 근황을 덧붙인다.

"저는 요즘 일이 생겼습니다. 그때 얘기하던 것."

"축하합니다. 구체적으로 어떤 일인가요?"

"경찰 교육원이나 공무원 연수원 등에서 강의를 해달라는 요청이 들어와서 요즘 고정적으로 강의를 나갑니다."

"그동안 강의 준비하신다는 얘기는 들었는데 결국 해내셨네요."

"제가 노후 준비를 한다며 빵을 배우러 다니고, 떡을 배우러 다니고, 초콜릿, 두부 배우러 다닌다고 이 학원, 저 학원에 낸 돈만 해도 엄청난데, 결국 강사가 되었네요. 하하!"

김장수 씨의 웃음소리가 오늘따라 유쾌하다. 덩달아 기분이 좋아진 최 부장이 거듭 진심으로 축하했다.

"제 인생에서 처음 강의를 했던 때가 생각나네요. 아마 스물아홉 살 때였을 겁니다. 당시는 파출소장을 할 때였지요. 지역 문화센터에서 주민을 대상으로 하는 강의였는데, 그때 처음으로 사람들 앞에 서면서 심장이 마구 뛰었던 기억이 납니다. 당시 나 말고 다른 한 분이 강사로 나왔는데, 60대 동장이었어요. 제가 얘기할 때는 별로 집중하지 않다가 이분이 나서서 얘기하니 사람들이 귀를 기울이더군요. 아무래도 젊고 미숙한 강사보다 나이 지긋한 분이 얘기를 하면 더 신뢰감을 주나 봐요. 그래서 막연히 강사라는 일은 나이들어서 하면 좋겠다는 생각을 갖고 있었지요. 그러다가 우연히 리더십 강의를 받게 되었습니다."

김장수 씨가 리더십 강의를 받은 것은 아내의 권유 때문이다. 아내가 데일카네기연구소에서 시행하는 리더십 캠프에 대해 얘기를 한 것이 거의 10년 전의 일이다. 당시 직원 관리를 포함한 관리자로서의 자기 성장이 필요하다고 생각하던 참이었지만 3개월 과정에 240만 원이라는 거금을 내야 했기에 쉬 내키지 않았다.

아내가 자꾸 권했다.

"여보, 240만 원이 아까워? 당신한테 그 정도도 투자 못해? 그 돈 당신이 안 써도 누군가 대신 쓰게 되어 있어."

6개월 동안 돈을 모아서 등록을 했다. 매주 수요일 퇴근 후에 강의를 들었다. 그 당시는 대전 대덕경찰서장 시절이었다. 김장수 씨는 룰을 정했다.

'퇴근은 각자 알아서 하자. 퇴근한 뒤에 직원들과 밥 먹지 말자. 점심은 구내식당에서 하자.'

그가 과장일 때 서장님을 모시고 습관처럼 밥이나 술을 먹던 것이 부담스러웠기 때문이다. 김장수 씨는 자신이 서장이 되면 과장들의 저녁 시간만큼은 자유 시간으로 만들어주겠다고 늘 생각해 왔다. 그렇게 해서 자신도 저녁 6시 30분부터 10시 30분까지 리더십 강의를 들었다. 대인관계, 인간관계, 비전 설정 등이 주 내용이었고 돌아가며 발표도 했다. 다른 사람 이야기를 들어보는 것도 인생의 목표를 정하는 데 도움이 되었다. '10년 후'를 주제로 발표하는 시간이 왔다.

"10년 후 저는 빵집과 두부 집을 같이 하고 있습니다. 팔아서 좋고, 남으면 이웃에게 나누며 봉사해서 좋고, 이제부터 저를 '김빵'이라고 불러주세요."

3개월 과정을 이수하고, 코치를 4회 해야 강사를 할 수 있다고 한다. 코치를 마무리하는 것까지 해서 총 2년이라는 시간이 지나갔다. 강사 과정도 거쳐야 한다. 전국에서 온 강사 실습생이 서울에서 15일간 교육을 받고 시험을 보는 것이다. 여름휴가 때를 맞춰서 가보니 전국에서 30여 명이 모였다. 감독관이 1과에서 12과까지 주제별로 24개 항목을 뽑으면, 그동안 트레이닝 받은 것을 실제 수강생들 앞에서 시범 보이는 것이다. 나이가 50인 김장수 씨가 그 자리에서 가장 연장자였다.

강의할 내용이 머릿속에는 들어오지 않고, 젊은 사람들처럼 배짱도 없었다. 김장수 씨는 중간에 포기해야겠다 싶어 아내에게 전화를 걸었다.

"이대로는 안 되겠어. 내년에 다시 할게."

그러자 아내가 다짜고짜 이렇게 말했다.

"오기만 해봐. 오는 순간 이혼이야. 지금 그 과정 수료 못 하면 당신 평생 후회한다. 조금만 참고 버티면 되는데, 도중에 포기하고 오면 되겠어?"

2인 1조로 여관에서 합숙을 하는데, 룸메이트가 자는 시간에 김장수 씨는 화장실에서 밤새 연습했다. 15일간의 훈련을 마치고 마지막 시험을 보는 날 드디어 수강생들 앞에 섰다.

"안녕하십니까, 여러분의 강사 김장수입니다."

버벅대긴 했지만 한 시간 강의를 무사히 마쳤다. 그 덕분에 강사 과정에도 합격했다. 김장수 씨는 강의를 하러 갈 때마다 이때 생각을 한다. 역시 이 세상에서 가장 무섭고 고마운 사람은 아내다.

우연히 마주친 것 치고 김장수 씨와 최 부장의 이야기는 끝날 줄을 몰랐다.

"정년을 앞두고 6개월 동안 대기 발령 기간이 있었습니다. 퇴직 이후에 할 일을 준비할 수 있도록 하는 배려이지만, 사실 이때가 퇴직자에게는 참 견디기 힘든 시기이지요."

"네, 저희 회사에서도 퇴직 준비 기간을 주는데, 이 시기에 대부분이 무기력감에 빠져 있거나 불안해하면서 6개월을 허송세월로 흘려보내는 경우가 많더라고요."

김장수 씨는 이 시기에 경찰 교육원이나 소방 학교, 중앙방재연구원 등 강사를 필요로 하는 곳에 그의 약력과 강의 원고 등을 보내 강사 채용 여부를 타진해 보았다. 무료로 강의를 하겠다고도 제의했다. 처음에는 가뭄에 콩 나듯이 강의가 들어오다가 이제는 입소문이 나면서 주3회 정도 고정적으로 강의를 나가고 있다.

최 부장은 김장수 씨가 의외로 치밀하게 준비를 해왔다는 사실에 놀랐다.

"아, 그냥 은퇴하신 줄 알았더니 다 준비해 놓고 나오셨군요. 부럽습니다!"

"그렇죠. 멀리 내다보고 적극적으로 움직여야 합니다. 저로서는 이런저런 시행착오들이 많았지만 강의를 하다 보니, 예전에 빵과 떡을 배우러 다니던 시행착오들이 강의할 때 다 이야깃거리가 되더군요. 그때 땀 흘린 경험이 전혀 헛된 것은 아닌 셈이지요."

"김 서장님 말씀은 그러니까 뭐든지 해보는 게 중요하다는 말씀이지요?"

"그럼요. 아참, 한 가지 좋은 소식이 더 있습니다. 제가 일전에 방송사를 다녀왔다는 얘기를 했지요? 그쪽에서 연락이 왔습니다. 〈세상을 바꾸는 시간, 15분〉이라는 코너에 출연해 달랍니다."

정말 반가운 일이다. 이제 행복 강사 김장수 씨의 힘찬 발돋움이 시작됐다.

프리랜서

하루는 김장수 씨가 공무원 교육원에 신임 사무관들을 대상으로 강의를 하러 갔다. 그때 진행자가 그를 '프리랜서 김장수 씨'라고 소개했다.

어디에 소속되어 있다는 것, 회식을 같이 할 수 있다는 것, 퇴근하고 번개 모임을 가질 수 있다는 것, 예전에는 몰랐던 축복이다. 직장에 다닐 때 갑자기 상사가 저녁때 불러내는 것도 스트레스였지만 소속도 명함도 없는 프리랜서라는 것은 더욱 큰 스트레스였다.

몇 년 전에 한 친구는 참기름 장사를 하다가 당진 섬마을의 선생님이 되었다. 직업을 바꾼 이유를 들어보니, 딸아이 손을 잡고 결혼식장에 들어갈 때 사회자가 '신부 아버지는 선생님'이라고 소개하는 것이 듣고 싶었기 때문이라고 했다. '프리랜서'라는 자유로움도 좋지만 조직에 소속되어 있다는 안정감과 적당한 구속이 삶을 더 단단하게 하는 것 아닐까.

어느 날 김장수 씨의 아내가 "이제는 프리랜서로 다니지 말고 연구소를 열면 어떨까?"라고 제안을 해왔다. 연구소에서 강의도 하고 그동안의 경험으로 컨설팅도 하면 좋겠다는 생각이 들었다.

"연구소 이름은 무엇으로 하지?"

강의는 '행복'이나 '공감'과 같은 일반적 주제로도 진행하지만, 주로 미래 설계와 관련이 많았다. 그래서 연구소 이름에 일단 '미래'를 넣기로 했다. 더불어 그동안의 현장 노하우와 전문성을 살려서 '현장', '전략'을 포함시키니 '미래현장전략연구소'라는 멋들어진 이름이 만들어졌다.

김장수 씨는 곧바로 연구소 오픈을 준비했다. 사무실을 내고 그동안의 노하우를 활용한 프로그램을 만들어 홍보를 했다. 명함의 직책도 정년과 동시에 경찰서장에서 미래현장전략연구소장으로 바꾸었다.

김장수 씨 주변에도 정년퇴직을 하고 사무실을 낸다는 사람들이 있다. 자서전도 쓰면서 시간을 보내고, 사람들이 찾아오기도 쉬우니까 사무실이 필요하단다. 하지만 시간이 흐르면 자서전 쓰는 것은 집에서도 할 수 있고 찾아오는 사람들도 뜸해지니 사무실 임대료만 아깝다고들 한다. 그런 말들을 듣다 보니 사무실도 결국 겉치레라고 생각했는데, 김장수 씨의 경우는 꼭 그렇지만도 않았다.

김장수 씨의 가족은 대가족이다. 일찍 장가간 아들 부부와 함께 살기에 며느리, 손자, 손녀가 집에 있다. 그러니 집에서는 자신만의 공간이라고 할 만한 장소가 없었다. 사람에게는 혼자만의 시간과 공간이 필요하다. 특히 강의를 준비하는 데에는 많은 시간이 필요했다. 듣는 사람 입장에서 재미와 공감, 배움이 있어야 한다. 그동안 겪은 사례나 새로운 사례를 발굴하려면 혼자서 공부하고 연구하는 시간이 많이 필요하다.

김장수 씨는 연구소를 연 뒤 자신을 '미래현장전략연구소장'이라고 소개를 할 때마다 명함의 중요성, 소속의 중요성을 피부로 느낀다. 최 부장도 퇴직한 김장수 씨를 계속 '서장님'으로 부르기가 어색했는데, 앞으로는 '소장님'으로 부르면 되겠다고 좋아했다.

강의를 하고 오면 가장 궁금해하는 사람이 그의 아내다. 강의하러 나갈 때면 넥타이부터 와이셔츠, 겉옷까지 챙겨준다. 집에 돌아오면 "반응이 어땠어?"라고 묻는다. 반응이 좋았다고 하면 아내 얼굴이 환해진다. 내친김에 수강생들과 함께 찍은 기념사진도 보여주고, '강의 잘 들었다'는 문자메시지도 자랑한다.

정년퇴직한 지 2년쯤 되자 시간표에 강의 스케줄이 하나씩 늘어난다. 강의를 해보니 다른 사람의 강의에도 관심을 가지게 되고 서점에 가서 신간도 찾아 읽게 된다. 누군가가 그의 이야기를 듣고 삶에 변화가 있다면 한 사람이라도 찾아가서 이야기하고 싶다. 이것이 강사가 된 뒤에 김장수 씨가 느끼는 삶의 보람이다.

다양한 사람을 만나고 다양한 분야의 경험을 갖고 있으며 사람들과의 의사소통에 자신이 있다면 대중을 대상으로 하는 강사에 도전해 볼 만하다. 자기 분야에 많은 지식과 경험, 인맥을 갖고 있다면 그 분야의 컨설턴트로 나서는 것도 바람직하다. 강사나 컨설턴트는 나이가 든 사람이 할 때 신뢰감이 더 생긴다는 점에서 연령이 장점이 되는 일이다.

5만 원의 차이

김장수 씨는 요즘 관공서나 경찰학교 등에 강의를 하러 나가는 날이 점점 늘어나고 있다. '현장에 답이 있다', '행복하라, 공감하라', '비전 설정' 등 주제는 다양하다. 2시간 운전해서 약속한 장소에 도착하면 주최 측에서 안내를 한다. "교수님, 어서 오세요!"라고 친절하게 맞아주는 교직원들이 감사하기만 하다. 때로는 '박사님'이라고 부를 때도 있다. 행정학 박사 학위가 있어서다.

행정학 박사 학위는 그가 현직에 있을 때 야간 대학원을 다니면서 취득한 것이다. 당시는 일과 학업을 병행하고 논문까지 쓰느라 고생이 많았지만 그래도 퇴근 후 시간을 알차게 투자한 것이 지금에 와서 결실을 맺는 것 같다. 강의가 끝나고 다른 강사와 이야기를 나누다가 강사료 이야기가 나왔다.

"4시간 운전하고 4시간 강의하면 하루가 다 지나죠. 그래도 강사료로 30만 원이라도 받는 게 어디예요?"

상대의 푸념 섞인 말에 김장수 씨는 속으로 '강사료가 5만 원이 깎였나?'라고 생각한다. 통장을 찍어보니 세금 떼고 33만 원이 들어와 있다. 교수계에 물어봤더니 "석사는 30만 원, 박사는 35만 원입니다. 학위 차이지요."라고 한다. 그래! 인생은 역시 조금 힘들더라도 내일을 봐야 한다.

살생부

결국 최 부장이 다니던 회사가 다른 대기업에 인수 합병되었다. 기존의 직원들을 흡수한다는 조건이었지만, 최 부장처럼 근무 연수가 높은 사람들은 불안하지 않을 수 없다. 특히 최 부장은 동기 중에서 가장 승진이 빠른 데다 이사 승진까지 앞둔 상태였기 때문에, 이러한 회사 상황은 충격일 수밖에 없다. 벌써부터 회사에서는 새로운 임원진에 줄 대기를 하려는 사람들이 바지런히 움직이고 있고, 새로운 직제 개편에서 나올 살생부가 돌기도 했다.

걱정하던 일이 현실이 되면서 최 부장은 마음의 각오를 할 수밖에 없었다. 이사 승진은 포기해야 할 것이다. 그래도 당장 회사를 나가는 것만은 피해야 한다. 나갈 준비가 되어 있지 않았기 때문이다. 그는 새로운 경영진과의 면담에서 이러한 의사를 밝혔지만 다가올 태풍이 왠지 그를 피해갈 것 같지가 않았다.

김장수 씨와 최 부장은 모처럼 시간을 내서 함께 계족산을 오르기로 했다. 계족산은 집에서도 가깝고 초보자가 탈 수 있는 산책 코스에서부터 난이도 있는 코스까지 다양하니 같이 오르기에 괜찮을 것 같았다.

　　두 사람은 일요일 아침 일찍 등산로 입구에서 만나 김밥 두 줄을 사서 오르기 시작했다. 쉬운 코스로 잡아서 가니, 대화할 여력도 생겼다. 최 부장은 집에서는 못 하는 얘기를 김장수 씨가 들어주니 고마울 따름이었다.

　　"이번에 명예퇴직을 신청해 볼까 합니다."

　　직장인이 이런 말을 꺼내는 것은 사무라이의 할복만큼이나 각오가 필요한 것이다. 김장수 씨 역시 위기를 겪을 때마다 경찰복을 벗고 싶다는 생각이 얼마나 간절했던가? 김장수 씨는 최 부장이 결론을 내리기 전에 다양한 상황을 생각해 보도록 유도했다.

　　"네…… 준비는 되었나요?"

　　"일단 회사를 나온 뒤 찬찬히 생각하려고요."

　　"위험한 생각입니다. 지금은 뭐든지 할 수 있을 것 같지만, 밖으로 나오는 순간 엄동설한입니다. 심리적으로도 위축되고 만날 수 있는 사람들의 범위도 대폭 줄어들지요. 회사에서 자연스럽게 접하던 정보도 쉽사리 얻지 못합니다. 회사 밖에서 구직 활동을 하는 것은 훨씬 더 어려워요. 지금 위기의식을 갖고 있으니, 이를 발판으로 퇴직 후에 할 일을 먼저 생각하고 찾아놓아야 합니다. 한때 '박수칠 때 떠나라.'는 말이 유행했지만, 이제는 그와 정반대로 해야 합니다. 그것이 나 자신에게도, 가족에게도 살길이지요."

김장수 씨는 최 부장에게 신중할 것을 거듭 강조한다. 경제적인 이유도 있지만 그보다는 회사를 나가기 전에 자아상실 및 우울증 예방주사를 맞을 필요가 있기 때문이다.

김장수 씨는 경찰 선배인 김 청장의 일을 생각한다. KTX에 가방을 두고 내렸다고 분실물 센터 대신 현직에 있던 그를 찾았던 양반이다. 얼마 전 상가喪家에 갔다가 그를 만났다. 김장수 씨는 오랜만에 만난 그의 모습을 보고 속으로 몹시 놀랐다. 살이 많이 빠진 데다 왠지 옷차림이 낡고 행동거지는 피곤해 보였다. 그럼에도 예전의 부하 직원들 앞에서 위엄을 갖추려고 애쓰는 모습이 안쓰러웠다. 나중에 자리를 옮겨 단둘이 있게 되자, 김 청장은 김장수 씨의 강의나 일에 대해 관심을 갖고 꼬치꼬치 물어왔다.

"자네는 일이 있어 참 다행이네. 나는 일을 하려고 해도 할 만한 일도 없고, 오라는 데도 없어. 하루하루가 답답하고 힘드네. 퇴직한 직후에는 집사람도 신경을 많이 써줬는데, 이제는 같이 다니기 힘들다고 혼자 나가버리네. 할 일 없이 외출하기도 그렇고, 집 안에서만 있다 보면 밤에 잠도 안 오고, 밥맛도 없어. 살도 좀 빠졌어. 예전에 입던 바지가 너무 커서 입을 수가 없을 정도야."

직장 생활을 했던 사람들은 퇴직한 후에 삶의 중심을 어디에 두어야 할지 몰라서 무척 힘들다. 일이 없어 괴로우면 아무 일이라도 해보면 될 텐데, 막상 본인 입장에서는 눈높이를 낮출 수가 없어서 새로운 출발을 하기가 힘든 것이다. 한 직장에서 오래 일한 순정파 사람일수록, 직급이 높았던 사람일수록 이러한 현실 부적응과 과거 집착 증세를 보인다.

김장수 씨의 이야기를 들은 최 부장은 머릿속이 복잡하다. 마음이야 천년만년 회사에 남아 있고 싶지만, 눈앞에 닥친 상황이 심상치 않다.

4시간 가까이 산을 타니, 몸은 땀으로 흠뻑 젖었지만 머리는 오히려 맑아진다. 산뜻한 기분이 되니, 두 사람 다 앞으로의 일에 대해서 긍정적인 생각과 의욕이 생기는 듯하다.

후배들은 뒤쫓아오고 나는 점점 뒤처지는 기분이다. '떠나야 할 때가 언제인가를 아는 사람'의 멋진 뒷모습을 보여주고 싶은 마음도 있을 것이다. 하지만 회사를 나온 뒤에 갈 곳이 없어 헤매는 모습은 더욱 초라하다. 잘 버티는 것이 필요하다.

왜 직장 생활을 하는가

오래전 일이다. 지방청 청문감사관을 하는 박 과장이 청장과 밥을 먹다가 인사계장으로부터 전화를 받았다.

"과장님! 인사이동이 있는데, 전화로 말씀드립니다. 지방청 경비과장으로 발령 나셨어요. 오늘이요."

하루아침에 좌천이다. 청장을 쳐다보니 청장은 모르는 체하고 식사를 계속하고 있다. 박 과장은 밥을 먹다가 그 자리에서 나와버렸다. 속이 터졌다.

'내 나이 쉰여덟이다. 초임자가 근무하는 경비과장으로 발령을 내다니 때려치우라는 말인가?'

분통을 터뜨리다가 갑작스럽게 자기 자신을 돌아보았다.

'내가 직장 생활을 왜 하나? 먹고살려고 다니는가, 아니면 품위 유지 차원에서 다니고 있는가?'

그는 생계형 직장인이다. 아직 아이들이 대학을 다니고 있고, 자립하려면 한참 더 뒷바라지를 해야 한다. 은퇴하고 전원주택 짓는다고 융자받아 땅을 샀는데, 그 융자도 아직 다 못 갚았다.

박 과장은 다시 식당으로 들어갔다.

"청장님! 감사합니다. 경비과장으로 발령 내셨다 들었습니다. 열심히 하겠습니다."

아마 청장도 무안했을 것이다. 상대방을 미안하게 만드는 것, 그것도 기술이다.

김장수 씨는 자신의 친구인 박 과장의 이야기를 최 부장에게 들려주었다.

"최 부장님, 지금 회사가 어렵고 하니 여러 가지 생각이 많을 것입니다. 그동안 회사에서도 능력을 인정받아 온 분이니 회사 밖에서 어떤 일을 하든지 잘 해나가리라 생각합니다. 어쩌면 이때까지 쌓아온 역량을 활짝 펴보일 수도 있겠지요. 회사원에서 성공한 사업가로 변신하지 말라는 법은 없지요. 하지만 무엇을 하든지 꿈과 희망만으로 시작하지는 마세요. 무슨 일이든 철저한 준비와 연습이 필요합니다."

악착같이 회사에서 버티는 사람이 있는가 하면 그렇지 않은 사람도 있다. 김장수 씨가 경찰서장으로 있을 때, 지구대 치안센터장이

야간 신학대학원을 졸업한 뒤 교회를 개척하기 위해 명예퇴직을 하겠다고 했다. 일단 말렸다.

"정말 하나님 일을 하고 싶으면 정년 채우고 하세요. 나이 쉰셋이면 한창 돈 들 나이인데, 퇴직하면 가족들이 어렵습니다."

아무리 말려도 소용이 없었다. 명예퇴직을 하고 나서 살던 집을 개조해서 교회를 시작했다는 소식이 들려왔다. 어떻게 지내는지 나중에 다른 직원에게 슬쩍 물어보았다. 가족 포함해서 신도 다섯 명으로 시작했는데, 개척 교회의 어려움을 절절히 체득하고 있다고 했다.

김장수 씨는 남의 일 같지 않아서 최 부장에게 거듭 당부했다.

"모든 것에는 연습이 필요합니다. 작은 구멍가게를 하더라도 목 좋은 자리를 찾아야 하고, 상품 구색도 갖춰야 하고, 장사도 기술을 배우고 연습해야 합니다. 그래서 인턴제도 있잖아요. 정년은 누구에게나 오는 것이고, 일은 80세까지 해야 하는 게 지금 현실입니다. 그래도 현직에 있을 때 시행착오를 많이 겪는 게 낫습니다. 실전에 들어간 뒤에는 연습이 있을 수 없습니다."

뭐든 연습이 필요하다. 연습도 없이 본 게임을 뛰면 무조건 패한다. 이왕 하는 연습, 현직에 있을 때 시행착오를 많이 겪어야 실전에서 잘할 수 있다.

오늘이 쌓이는 것이다

경찰서장 시절, 김장수 씨가 전 직원을 한자리에서 만날 수 있는 날은 한 달에 한 번뿐이었다. 직원들이 500여 명 되니까, 온갖 사연이 있고 지시 사항도 많다. 그래서 그가 생각해 낸 것이 전 직원들의 메일로 월요일 아침마다 편지를 쓰는 것이었다. 둔산경찰서장 시절에는 '둔산우체통', 중부경찰서장 시절에는 '중부우체통'이라고 이름 붙여서 편지를 보냈다.

매주 한 번씩 3년을 썼는데, 이것도 시작하고 보니 일이었다. 저녁에 퇴근하면서 구상을 한다. 아내 이야기, 아이들 이야기, 상사 이야기, 관내에서 일어난 일 등 그의 주변에서 일어난 일을 소재로 느낌과 생각을 덧붙이고 정성 들여 원고를 완성했다.

3년 동안 좋은 글귀를 찾기 위해서 책도 사보고 편지 마무리를 위해서 명언집도 몇 개 샀다. 토요일 오후에는 집 근처 서점에 가서 책을 읽다가 좋은 글이 있으면 메모도 하고 책을 사기도 했다. 그 책들이 이제는 책장을 가득 채우고 있다. 지금에 와서는 그때 썼던 글, 그때 읽었던 책이 자신의 강의에도 도움이 된다. 경찰서장이 매주 직원들에게 편지를 쓴다는 것이 소문이 나서 〈굿모닝 충청〉이라는 인터넷 신문에서 칼럼을 써달라고 요청한 적도 있다.

지금 눈에 보이지는 않지만 내가 보내는 하루하루는 충실하게 쌓여가고 있다. 살다가 방향이 잘못되어 되돌아가기도 한다. 하지만 억울할 것은 없다. 현재의 내 자리는 내가 살아온 결과다.

10년 후, 20년 후의 결과물을 위해서는 오늘 내가 무엇을 하고 있는지, 내 습관이 어떠한지 점검해 봐야 한다.

창업하지 마라

수다는 여자들에게만 필요한 것이 아니다. 두 남자는 만나면 이야기꽃을 피웠다. 그동안의 안부와 주변 사람들 이야기 등 화제가 끊이지 않는다. 나이 들수록 늘어나는 에스트로겐의 영향 때문인가? 그래도 이야기는 늘 퇴직과 향후 계획에 대한 것으로 이어진다.

최 부장이 말했다.

"저와 동기로 회사에 들어왔다가 지난봄 인사이동 때 회사를 나간 친구가 있습니다. 승진할 때가 됐는데 승진이 안 되니 불만이 있었나 봐요. 결국 사표를 던졌지요. 명예퇴직을 한 뒤 갓 창업한 벤처 회사 부사장으로 갔어요. 한 달 지나서 만났는데 같이 근무했던 직원들한테 밥을 거하게 사고 갔습니다. 외제차를 타고 왔더군요. 1년 반이 지나서 다시 만나자는 연락이 왔어요. 또 밥을 멋지게 사겠지 하고 직원들한테도 점심 먹지 말고 같이 가자고 했습니다. 그런데 막상 약속 장소로 가보니, 그 친구가 새 명함을 내밀더라고요. 정수기 회사 과장 명함이었어요. 사연을 들어보니 회사에 보증을 섰는데 부도가 났답니다. 일시금으로 받았던 퇴직금 다 날리고 부인과도 이혼 위기에 놓였으니, 회사에 정수기 몇 대 좀 넣어달라고 부탁하더라고요. 투자받아서 벤처 시작할 때는 다 잘될 것 같았는데, 몇 개월을 못 버티고 넘어간 것입니다. 그때까지만 해도 재취업이 쉽게 될 줄 알았나 봅니다. 하지만 막상 나와 보니 자기 같은 퇴직자가 차고 넘친답니다. 세상은 김 소장님 말씀처럼 엄동설한이 분명합니다."

"그런 일이 제 주변에도 비일비재해요. 너무 자신감이 넘쳤거나 세상을 얕본 결과지요. 겸손하지 않은 대가가 너무 가혹합니다."

김장수 씨도 고개를 끄덕인다.

퇴직 후 잘 살기 위해서는 연습이 필요하다.

"그래도 그 친구는 아직 40대니 재기의 기회가 있을 것입니다. 나이가 들면 재기하기 더 힘들어요. 그래서 저는 누가 창업을 하겠다고 하면 무조건 말립니다."

최 부장이 행여 퇴직금으로 덜컥 사업을 할까 봐, 김장수 씨는 '이참에 창업의 어려움을 확실하게 이야기해야겠다.'고 작정한다. 사실 40대 후반이면 아직 인생 반전을 노릴 만한 나이이고, 직장 생활을 오래하면서 자기 사업에 대한 꿈을 키우지 않았을 리 없다.

"직장 생활하면서 남들이 하는 걸 보고 생각하죠. '나도 할 수 있겠다. 내가 하면 더 잘하겠다.' 하지만 사업이란 게 그렇게 간단하지 않아요. 내가 보고 느끼는 것은 극히 일부분이고, 밖으로 보이는 것 외에도 수많은 실패 요소가 숨어 있습니다."

자신의 아이디어나 노하우만 믿고 창업했다가는 십중팔구 성공하지 못한다. 40대 후반이라는 나이에 맞는 연륜이 있겠지만, 여전히 신중을 기해야 할 나이임에는 분명하다.

"제 주위에는 프랜차이즈로 창업했다가 사기로 전 재산을 날린 사람도 있어요. 프랜차이즈도 안전하지 않더군요. 경찰공무원으로 일하다가 퇴직한 사람인데, 음식점 체인 사업을 하다가 1년 만에 그동안 모아놓은 돈까지 다 까먹고 다른 일을 하겠다고 백방으로 뛰어다니다가 금융 다단계에 빠졌습니다. 그것도 몇 달을 버티지 못하고 이웃까지 피해를 보게 되었으니 그 고충이 이만저만이 아니랍니다. 퇴직 전까지 부부가 그렇게 착하게만 살아왔는데……."

그는 착한 공무원이었다. 그러나 사기꾼들이 착한 사람이라고 봐주는 경우는 없다.

김장수 씨는 지인의 이야기를 전해주면서 다시금 가슴이 답답해진다.

"나이가 들면 창업하지 말라는 것이 제 조언이지만 다 실패하는 것은 또 아닙니다. 아는 친구가 건설업을 하는데 주로 작은 모텔을 지어서 파는 사업을 했죠. 이번에는 모텔을 직접 운영한다고 하더군요. 도심에 모텔을 사더니 부부가 직접 운영을 하더라고요. 거기서 먹고 자고 해요. 자신의 모든 것을 모텔 운영에 바치는 거죠. 모텔 수준을 끌어올린다고 조명에서 서비스까지 신경을 정말 많이 썼답니다. 또 온갖 이벤트를 다 해요. 여름에는 팥빙수도 제공하지요."

모텔을 지어 팔면서 모텔업의 생리를 잘 알게 된 케이스다. 한 달에 수입이 3천만 원이라고 한다. 다만 모텔에서 근무하느라 밤새우는 것이 힘들다고 한다.

당신이 퇴직을 준비하고 있다면

준비 없이 창업하지 마라

우리나라 취업자 가운데 자영업자로의 진출 비율은 36.8%라고 합니다. 이 수치는 다른 선진국과 비교해 매우 높은 수준입니다. 2011년 기준으로 OECD 국가 가운데 세 번째로, 터키 51.4%, 그리스 42.0% 다음으로 높은 수준이지요.

자영업자가 많은 데다 이들의 실패율이 매우 높습니다. 자영업 진출 후 3년 이상 사업을 유지하는 비중은 2명 중 1명에 불과합니다. 퇴직자가 주로 진출하는 음식점과 잡화점의 3년 이내 폐업률은 각각 52.2%, 53.6%나 됩니다. 주변에서 창업했다 문 닫았다는 얘기를 얼마나 자주 들었는지, 시내에 나갔다가 가게 간판이 바뀐 것을 얼마나 자주 보게 되는지 기억한다면 이 수치들이 피부로 느껴질 것입니다.

은퇴 후 가장 많이 하는 실수가 창업입니다. 어설프게 창업했다가 투자금만 날리고 문을 닫는 경우, 노년기 빈곤층으로 전락할 위험성이 크다는 점에서 창업에 관한 한 '창업하지 마라.'가 창업의 제1원칙이지요.

사람들이 창업하려는 이유는 다양합니다. 우선, 나는 다른 사람들과는 달리 잘할 수 있으리라고 생각하지요. 그동안의 경험이나 견문이 쌓여서 다른 사람들은 생각지 못한 대박 사업 아이템을 찾거나 마케팅을 잘할 수 있으리라고 여깁니다. 그러나 사업이란 그렇게 간단하지 않습니다. 창업을 계획하면서 다 자기만의 무기가 있겠지만, 시장에는 자기가 미처 보지 못한 함정들이 있습니다.

많은 돈을 벌지 않아도 되니 쉬엄쉬엄 하는 일을 찾는 사람도 있습니다. 연금이 있으니 소일거리만 있으면 된다고 생각하는 사람들이죠. 소일거리를 갖는 것도 쉽지 않습니다. 죽을힘을 다해도 현상 유지하는 것이 어려운데, 적당히 하다 보면 원금만 까먹기 일쑤입니다. 소일거리가 필요하다면 봉사 활동을 하는 것이 훨씬 보람됩니다.

그래도 창업을 해야 한다면 몇 가지 꼭 지켜야 할 것이 있습니다.

첫째, 가족끼리 할 수 있는 창업 아이템을 찾으십시오. 부인이나 자녀들이 도와줄 수 있다면 인건비를 줄일 수 있는 데다 위기감을 매개로 한 가족만의 단결이 가능하기 때문입니다.

둘째, 창업 전 최소한 1년 이상 현장 경험을 쌓으라는 것입니다. 칼국수 식당을 하고 싶다면 칼국수를 파는 식당에서 서빙을 하든, 주방에서 설거지를 하든 1년 이상 일을 하면서 고객에 대해 분석하고 가게 운영에 대해 배워야 합니다.

셋째, 사업을 통해 큰 수익을 바라지 말아야 합니다. 요즘 은행 이자율이 2%도 되지 않습니다. 기대수익률을 낮춘 상태에서 시작해야 심리적으로도 오래 버틸 수 있습니다.

넷째, 프랜차이즈의 경우 수익을 면밀히 따져보아야 합니다. 경험이 없는 퇴직자들일수록 본사에서 재료, 조리, 광고, 마케팅 등 모든 것을 알아서 해주는 프랜차이즈를 선호합니다. 하지만 체인점 사업은 체인 본사가 잘돼야 내가 하는 사업도 잘되는 것인데 그렇게 잘되는 체인점은 내 차지까지 오기 어렵습니다. 자기들끼리 하는 것이죠. 신문이나 방송에 자주 등장하는 프랜차이즈일수록 잘 안 되어 홍보가 필요한 업체일 가능성이 큽니다. 상권을 분석할 때에 가게 앞에서 호객하는 사람이 많을수록 그 상권이 무너지고 있는 것과 같은 이치입니다.

아내에게 투자하라

최 부장이 밤늦게 퇴근해 돌아오자 아내가 생활정보지를 뒤적이고 있었다. 뭔가 돈을 벌 만한 일을 찾는 눈치였다.

최 부장은 김장수 씨를 만나 답답한 마음을 털어놓았다.

"자꾸 집사람 눈치를 보게 되네요. 결혼할 때 호강시켜 주겠다고 큰소리쳤는데 살면서 계속 걱정만 하게 했어요. 요새 제가 흔들리니까 더 불안해하는 눈치예요."

"가장 노릇 하는 것이 정말 쉽지 않죠."

"아내는 결혼 전에 직장 생활을 했지만, 결혼하면서 그만뒀어요. 아이 키우느라, 집안일 하느라 하고 싶은 일도 못 하고 살았다고 가끔 푸념도 해요."

"아내에게 꿈이 있었다면 지금 실현하지 말라는 법도 없지요. 《꿈이 있는 아내는 늙지 않는다》는 책도 있잖아요. 여자들은 아이들이 어느 정도 크고 나면 시간적 여유가 있잖아요."

"아이들이 곧 있으면 대학에 들어가니까, 그 사람도 시간이 생기겠죠?"

"그럼요. 여자들은 아이들이 다 크고 나면 할 일이 사라져서 공허감을 느낀답니다. '빈둥지증후군'이란 말도 있잖아요. 그러니 제2의 인생을 살도록 격려해 주세요."

최 부장은 아내가 빈집에서 무엇을 느끼고 무엇을 할까 생각하니, 안쓰러운 마음이 든다.

"아내에게 투자를 하세요. 아내도 재능과 꿈이 있었을 텐데 살림하느라 그것을 살리지 못한 거잖아요."

"그러고 보니 김 소장님 사모님은 아직 일을 하시네요."

"네, 지금은 그 사람이 우리 집의 가장입니다."

김장수 씨의 웃음에는 아내에 대한 자랑스러움이 묻어 있다.

"결혼 전부터 일을 하고 계셨나요?"

"아니요, 저랑 결혼할 때 대학교 4학년이었죠. 미대생이었는데, 학교 졸업하고는 집에서 살림만 했습니다. 그런데 제가 우연히 교사, 약사를 아내로 둔 동료들을 부러워했더니, 그 말이 그렇게 섭섭하고 사무쳤나 봐요. 며칠 고민하더니 다시 공부를 하겠다고 하더군요."

김장수 씨의 아내는 어려움 속에서 석사 학위, 박사 학위까지 수료하고 이제는 어엿한 직장인이 되어 있다. 김장수 씨가 정년이 되어 집에서 놀아도 그의 아내는 매일 출근을 한다. 정년을 하고 보니 아내의 그릇이 커 보인다. 출근하는 아내가 때로 무섭기도 하지만, 자랑스럽기도 하다.

"그래도 내가 자기 뒷바라지해준 것을 잊지 않았대요. 힘들 때마다 그래요. 돈 걱정 말고 하고 싶은 거 하라고, 꽉꽉 밀어준다고. 그래서 어떻게 밀어줄 거냐고 물어보니까, 가만히 있는 게 밀어주는 거 아니냐고 하던데요. 하하!"

"맞아요. 집사람이 가만히 있어주는 것만 해도 큰 힘이 되지요. 하하!"

두 사람은 오랜만에 함께 웃는다.

"아내 말을 잘 들으세요. 지금 생각해 보면 아내가 한 말에는 틀린 것이 없어요. 살다가 어려운 선택을 해야 할 때에는 아내에게 물어보세요. 손해 볼 게 없어요. 사리가 분명한 여자의 직관 때문이지요. 제가 아내보다 나이가 여덟 살이나 많아요. 그래도 아내 말을 듣습니다. 물론 어느 때는 남편의 권위를 세우고 싶을 때도 있지요. 싸우다 싸우다 안 돼서 '여보, 그래도 내가 당신보다 여덟 살이나 많잖아. 나이 덕 좀 보자.' 합니다."

정년을 대비한다면 지금 자신이 현직에 있을 때 아내에게 투자해야 한다. 결국 자신에 대한 투자이기도 하니까.

아내와 백지장 맞들기

'백지장도 맞들어야 가볍다.'고 합니다. 중년의 실직으로 인한 위기를 남편 한 사람이 막기에는 역부족입니다. 옛날에는 남편이 돈 벌고 아내는 가사 노동과 자녀 양육에 전념하면 됐지만, 요즘같이 직업 생명이 짧아진 세상에 집안 경제를 남자 혼자서 책임지기에는 벅찹니다.

여자들도 집 안에서 남편이 벌어다 주는 돈으로만 사는 것이 행복하지만은 않습니다. 누군가에게 전적으로 의존한 삶은 불완전할 수밖에 없지요. 남편을 보험으로 알고 살았는데, 알고 보니 원금도 건질 수 없고 중간 해약도 어려운 골칫덩어리인 것입니다.

그래서 요즘은 아내들도 적극적으로 경제활동에 나서고 있습니다. 자녀 양육이 어느 정도 끝나도 아직 40대입니다. 이때 남편과 협력하거나 배턴터치를 하는 것도 생각해 볼 만합니다. 최근에는 50대 여성의 취업률이 올라가면서 50대 가구의 맞벌이 비율이 86%에 달한다고 합니다.

부부가 경제활동을 함께 하게 되면 서로에 대해 새로 발견하게 되는 점이 있을 것입니다. 아내는 돈 벌기 힘든 줄 알고 나서 남편에게 감사할 것이고, 남편은 남편대로 아내의 재능과 능력을 새삼 깨닫게 될 것입니다. 함께 일하면서 서로에 대한 이해도 깊어질 것입니다. 그동안 같이 살아온 세월이 있잖아요. 같은 목표를 향해 함께 달리다 보면 환상의 팀워크가 만들어질 겁니다.

프리랜서 강사는 비정규직

김장수 씨는 강사로서의 본격적인 행보를 시작했다. 중앙경찰학교에 강의가 있으면 그가 사는 곳에서 강의 장소까지 왕복 4시간 운전해서 4시간을 강의하고 온다. 강사비로 35만 원을 받는다. 불러주니까 감사하다. 야간에 대학원을 다니면서부터는 밥 먹을 시간이 없어 차에서 김밥을 먹는다. 현직에 있을 때도 안 해본 일이다.

매사에 긍정적인 그도 때로는 '이렇게 밥도 제시간에 못 먹고 살아야 하나' 싶을 정도로 의기소침해질 때도 있다. 그래도 현직에 있을 때 준비한 것이 별로 없으니 정년퇴직을 하고 몸으로 바쁘게 뛰어야 한다며 스스로를 다독인다.

하루는 중앙경찰학교에 갔더니 다음 주부터 학기가 종강을 하고 다음 학기부터는 강의 시간이 줄어든다고 한다. 그의 가슴이 덜컹 내려앉는다. 머릿속에는 한 달에 고정적으로 들어가는 돈의 액수가 맴돈다. 아직 학생인 아들과 딸의 대학등록금, 그가 다니는 야간 대학원 등록금, 며느리가 박사 과정에 진학한다니 그 학비도 준비해야 한다. 손주 분유도 사야 한다.

다음 학기에 전화가 오지 않으면 어떻게 하나 불안하기도 하다.

"다음 학기에는 더 알차게 프로그램을 짜서 강의를 해보려고 합니다. 그러니 다음 학기에도 잘 부탁합니다."

일부러 전화해서 안부도 묻고 다음 학기 강의 일정도 슬쩍 언급해 본다. 부탁할 줄 아는 용기도 필요하다. 세상에 공짜는 없다. 내 앞에 '밥 먹으세요.' 하고 밥상을 차려서 대령하는 사람은 없다.

어떤 일에도 시작은 있다. 처음부터 잘하는 사람은 없다. 그런데 초보 주제에 전문가 대접을 받으려 한다면 아무도 채용하려고 하지 않을 것이다.

강연 잘하는 비법

김장수 씨가 처음 강연을 시작할 때는 공짜 강연을 했다. 다른 사람 앞에 서는 것 자체가 떨렸고, 강연하다 보면 정말 하고 싶은 말도 빠뜨리고 끝내기 일쑤였다.

한번은 서울에서 지인의 부탁으로 강연을 한 적이 있었다. 1시간 강연을 40분 만에 마치고 단상을 내려왔다. 차를 타고 오는데 아내가 코멘트를 한다.

"당신, 너무 단상에서 왔다 갔다 했어. 표정도 없고, 말도 좀 빨라. 말을 또박또박 잘해야지. 그리고 마무리, 결말이 없잖아. 또 시간을 잘 보고 맞춰서 끝내야지……."

들을 수 있는 모든 지적을 다 들었다. 다른 사람들은 모두 '강연이 훌륭했다. 잘 들었다.'고 하지, 이렇게 조목조목 지적을 하지 않는다. 누가 이런 말을 해주겠나. 아내는 영원한 적이자 영원한 동지다.

김장수 씨가 대덕경찰서장으로 있던 시절에 '소통'을 주제로 강연을 하던 지인을 대전으로 초청한 적이 있다. 1시간 반에 15만 원의 강연료를 받기로 하고 서울에서 대덕까지 내려왔다. 지금은 널리 알려져서 1시간에 몇백만 원씩 받는 유명 강사지만 처음부터 그랬던 것은 아니다. 시작은 서투르고 제대로 대우를 받지 못해도 계속 하다 보면 입소문도 나고 인기 강사도 되는 것이다.

김장수 씨는 강연을 하면서 절로 흥이 났다. 듣는 사람들이 집중하니까 그 에너지를 받아서 열강을 하게 된다. 쉽고 재미있으면서도 영양가가 있는 강연이어야 한다. 강연에 대한 나름의 노하우와 철학이 차츰 생기는 것 같다.

한번은 강사계에 유명한 지인과 함께 식사를 한 적이 있다. 시간당 수백만 원을 받는 초특급 인기 강사였다. 그가 식사 도중에 잠시 자리를 뜨자 함께 있던 운전기사가 한마디한다.

"저더러 선생님 강연을 해보라고 하면 숨소리까지 완벽하게 흉내 낼 수 있어요."

모시고 다니면서 똑같은 강연을 수백 번 들었기 때문이다. 운전기사가 이런데, 강연을 직접 하는 이는 어떻겠는가.

자다 깨도 할 수 있을 정도로 능숙해진다는 게 중요하다. 또 늘 처음 하는 강연처럼 신선해야 한다. 강연에 대한 고민, 열정과 에너지가 수준 높은 강연을 완성시키는 것이다.

"여러분, '진인사대천명'이 무슨 뜻입니까?"

김장수 씨가 물어보니 사람들이 답을 한다.

"최선을 다하고 기다리는 자세를 말합니다."

"그것도 맞는 이야기지요. 그러나 나이가 50세가 넘으면 항상 이 것을 기억해야 합니다. '진'은 진짜 땀나게 움직여야 합니다. 일주 일에 세 번은 몸을 이용해서 흘리는 땀이 필요합니다. 사우나 말고 등산이나 운동 등을 통해서 말입니다. '인'은 인정사정 볼 것 없이 담배를 끊으라는 말입니다. 나이 들수록 멀리해야 할 것은 담배입 니다. 담배를 피우면 나이 먹어서 노인 냄새가 나지요. '사'는 사회 활동입니다. 작은 소모임이든 취미 활동을 함께 하는 동아리든 사 람을 만나야 합니다. '대'는 대뇌 활동을 많이 해야 합니다. 그것은 독서를 통해서 가능합니다. 신문, 잡지, 베스트셀러 도서도 챙겨 읽 어보십시오. '천'은 천박하게 술을 마시는 습관을 멀리해야 합니다. 술을 섞어 먹거나 과음하거나 필름이 끊어지는 일 등은 결단코 피 해야 합니다. 술을 마신다면, 혈액 순환에 도움이 되는 정도로만 마 시는 것이 좋습니다. '명'은 명命에 좋은 채소를 많이 먹어야 합니 다. 무, 배추, 토마토, 고추 등 갖가지 색깔 채소를 먹어야 합니다. 그것이 바로 치매 예방법입니다."

이런 식의 서론은 강연에서 사람들을 집중시키기에 좋다.

아내와 힘겨루기

김장수 씨의 아내가 바지를 사왔는데 바지가 좀 크다. 바꾸러 같이 갔다가 돌아오는 길에 아내가 면박을 준다.

"운전을 그렇게 막하면 어떡해?"

금방 기분이 상한다.

"당신, 나한테 그렇게 말할 수 있어?"

김장수 씨가 발끈했지만 아내는 신경도 안 쓴다. 그 뒤 한참 공격과 방어가 왔다 갔다 한다.

"뭐가 그리 민감해? 퇴직하더니 좁쌀영감이 다 됐네."

좁쌀영감이라고? 김장수 씨는 더욱 발끈해서 화를 낸다.

"옛날에는 그런 말 들어도 그냥 잘 넘어가더니 왜 이래?"

아내의 마지막 말에 결국 김장수 씨가 벙어리가 되고 말았다. 가만 생각해 보니 다음 주에 축의금 낼 곳이 있는데, 아내에게 10만

원은 타야 될 거 같다. 속으로 '성질 죽이자.'라고 생각한다.

"여보! 내가 당신보다 나이가 많잖아. 나이 먹은 대우 좀 해줘."

애걸조다.

"무슨 뚱딴지같은 말을 해? 부부에게 나이 차이가 어디 있어? 부부는 동급이야."

그의 말이 아내에게는 씨도 먹히지 않는다. 한마디 더 하면 축의금을 못 탈 것 같다.

'아, 내 비자금만 그대로 쥐고 있었다면 오늘 제대로 한소리할 텐데…….'

나이가 들어가면서 점점 아내의 힘이 세어진다. 여자들은 중년기가 지나면서 테스토스테론이 활발하게 분비되면서 더 적극적이고 주도적이 되어간다. 이건 어쩔 수 없는 일이다. 옛날식으로 아내에게 대들었다가 한 달 내내 '곰국'만 먹는 사태가 벌어질지도 모른다. 집 안의 평화를 위해서, 따뜻한 밥상을 위해서 참고 잘하는 수밖에 없다.

부부 사이에도 노하우가 필요하다?

유머 책을 보니까 남자들이 연령대별로 두려워하는 것이 나열되어 있습니다. 30대 남편들은 아내가 신용카드 가지고 백화점 갈 때, 40대는 아내가 샤워할 때, 50대는 아내가 곰국 끓일 때, 60대는 이사 가자고 할 때(자신만 남겨두고 갈까 봐), 70대는 등산 가자고 할 때(산에 버려두고 올까 봐)라고 합니다.

이 세상에서 부부 관계처럼 어려운 일이 어디 있겠습니까? 보고 배울 교과서도 없고 딱딱 맞게 적용할 수 있는 공식도 없이 그냥 살아갑니다. 남녀 사이를 이어주는 사랑이라는 감정은 끊임없이 변화하는 속성이 있습니다. 영원히 변하지 않는 사랑이란 영화에나 나오는 것이지요.

부부가 심각한 갈등으로 인해 죽자 살자 싸우다가 헤어지는 데 평균 7년이 걸리고, 드러내놓고 싸우지는 않지만 정신적으로 서서히 멀어져 남남처럼 살다가 헤어지는 데 평균 15년이 걸린다고 합니다. 또 다른 통계에서는 이혼 후 여자는 6개월, 남자는 17개월 만에 재혼한다고 해서 놀라기도 했습니다.

아무리 열정적으로 사랑하는 부부라도 세월과 더불어 사랑의 온도가 내려가는 것은 막을 수가 없습니다. 사랑을 지키기 위해서는 부부가 꾸준히 노력하는 방법밖에 없습니다.

최근 일본에서는 이혼이 늘어나는 추세입니다. 그래서 요즘 일본의 중년 남성들은 가정에도 의무적으로 시간을 할애한다고 합니다. 1시간은 자기의 건강관리를 위해 투자하고, 1시간은 아내를 위해 서비스를 합니다. 설거지, 시장 보기, 청소하기 등의 서비스인데, 이는 노후에 이혼당하지 않으려는 몸부림이랍니다.

우리는 하루 가운데 얼마의 시간을 가족을 위해 할애하고 있을까요? 작은 포장마차나 칼국수 집을 운영해도 노하우와 기술이 필요하지 않습니까? 양념, 반죽, 재료 등 알아야 할 것이 무진장 많습니다. 그런데 남자와 여자가 만나 살아가는 데에는 아무런 준비도 교육도 없습니다. 부부 관계야말로 노하우가 필요한 일인데도 말입니다.

김장수 씨 부부처럼 두 사람이 서로 존중하는 마음을 가지고 일상에서 함께할 수 있는 시간을 많이 갖고, 먼저 다가가는 것, 이것이 부부 관계의 정석이고 노하우입니다.

자식, 원하는 대로 하게 하라

중년기를 지나 퇴직할 즈음에 이르면 자식과의 관계도 새로운 국면에 접어든다. 남자에게 있어 자녀와의 관계는 아내를 사이에 둔 간접적 접촉이 대부분이었다. 학교 발표회에서 재롱을 떨었던 얘기도, 사춘기의 방황도 모두 말로만 전해 들었다. 대학 진학, 진로 설정 등에서도 아버지는 없었다. 아이들은 '혼자 잘 컸다'고 주장하고, 아내는 아이들이 잘못 되면 오로지 남편 책임이라며 못마땅해한다. 그런데 퇴직 후에는 자녀가 갑자기 크게 느껴진다. 자녀는 자랑이자 짐이다.

세상의 여느 부모와 마찬가지로 김장수 씨 역시 자녀에 대한 기대가 크다.

그는 딸 상빈이가 태어날 때 두 가지 희망사항이 있었다. 키가 크고 눈이 큰 아가씨로 자라면 좋겠다는 것이었다. 자신이 키가 작고 눈도 작은 것이 싫어서다.

딸이 너무 작게 태어나서 걱정이 많았다. 다행히 병원에 두 달 정도 있다가 퇴원했다. 처음에는 아이가 건강하게만 자라길 바랐다. 그런데 아이가 건강하게 자라니 공부에 욕심이 생긴다.

"상빈아, 나는 네가 커서 선생님 되면 좋겠다."

아빠의 소원이라고 노래를 부른다. 하지만 상빈이는 공부가 적성에 안 맞는지 과외에다 영어 학원, 수학 학원에 돈을 쏟아부어도 성적은 맨날 바닥이었다.

상빈이가 고등학생일 때 담임 선생님이 경찰서로 전화를 했다. 보통 서장실에 걸려오는 전화를 받으면 "서장님이세요?" 하는데 "상빈이 아버님이시죠?" 하길래, 놀라서 "누구신가요?"라고 물었다.

"상빈이 담임입니다."

깜짝 놀라 자세를 바로 하고 물었다.

"아! 네! 제가 찾아뵈야 하는데……."

어쩔 줄 몰라 하는데, "야간 자율학습 시간에 상빈이가 도망갔으니 10시까지 찾아서 데려오세요."라고 한다. 찾고 보니 학교 맞은 편 미용실에서 아르바이트를 한다고 야자를 빼먹었단다.

"상빈아, 수능이 두 달 남았는데 무슨 아르바이트야?"

김장수 씨가 한숨 섞어 물으니, '미용' 배우는 게 좋다고 한다. 파마 마느라 손가락도 엉망이고, 오래 서 있어서 다리도 퉁퉁 부었다.

결국 딸은 김장수 씨가 노래하던 선생님은 안 되고 미용과를 지원했다. 내심 섭섭한 마음이 있었는데, 그 딸이 얼마 전에 전화를 걸어 "아빠! 그랑프리상 탔어요!" 하고 소리친다. 전국 미용대회에서 수상을 했다. 김장수 씨는 딸이 그렇게 의기양양해하는 모습을 그날 처음 봤다. 야자 빠지고 미용실에서 아르바이트할 때, 확실히 밀어주었다면 서로서로 좋았을 것을……

말이 나온 김에 아들 이야기를 하지 않을 수 없다. 김장수 씨가 지방청에서 퇴근하여 저녁 9시쯤 귀가하자, 슈퍼마켓 주인이라는 사람한테 전화가 왔다. "그 집 아들이 친구들과 캔맥주를 훔치는 것을 잡았다."며 빨리 오라는 것이었다.

경찰인 그가 가자니 그렇고, 안 가자니 그렇고 해서 함께 살던 그의 아버지가 대신 갔다. 평상시 "아버지가 경찰이니까 다른 아이들에게 모범이 돼야 한다."고 귀가 따갑게 이야기했건만……

사연인즉 학교 수업을 마치고 나오다가 친구들과 캔맥주를 훔쳐보자고 해서 망을 봐주다 붙잡혔다고 한다. 그동안 도난당한 것이 몇만 원 된다고 해서 다 변상해 주고 주인에게 사정사정해서 데리고 나왔단다. 김장수 씨는 아들을 보자마자 이단옆차기를 날렸다.

자식 일은 마음대로 되지 않는가 보다. 그는 내가 열심히 살았으니, 아이들도 나를 닮아 열심히 하리라 생각했다. 내가 경찰서장이 되었으니, 아이들도 어디에 가든 반듯하게 행동하리라 믿었다. 부모의 이런 믿음을 배반하며 그들을 매번 겸손하게 만드는 게 자식들의 존재 이유인지도 모른다.

김장수 씨는 아들이 태어나면 자신보다 더 멋지고 강하게 키우고 싶었다. 이 어려운 세상에 아들이 둘도 아니고 하나밖에 없기에 처음부터 강하게 키워야 한다는 생각으로 엄하게 대했는데 아들도 나름 고집이 셌다. 그러다 보니 사사건건 야단을 치게 됐다.

초등학교 6학년 때 성적표를 가져오지 않아서 학교에 다시 가서 가져오라고 했더니 아들이 눈물을 흘리며 나갔다. 함께 살던 아버지는 그러다가 아들이 어긋난다고 말리기까지 했다. 아들은 모든 면에서 그의 기대와는 정반대의 모습을 보였다. 근성도, 미래에 대한 계획도, 금전에 대한 개념도 그와는 다르다.

하루는 아내가 퇴근한 김장수 씨를 붙들고 이야기한다.

"상일이가 그러는데 당신에게 복수할 수 있는 유일한 방법이 있대. 물어보니 손자 낳으면 아빠에게 안 보여주는 거래. 보고 싶다고 사정할 때까지. 그리고 당신 늙으면 용돈도 조금 줄 거래."

자녀의 진로를 두고 부모들은 자신의 희망을 내세우기도 하고 반대의 길을 가는 자녀를 보고 아쉬워하기도 한다. 그러나 부모와 자녀는 서로 별개다. 어차피 자녀의 인생을 부모가 살아줄 수 있는 것도 아니다. 다만, 자녀들이 좋아하는 일을 발견하도록 도와주는 것, 그것은 부모의 의무인 듯하다.

당신이 퇴직을 준비하고 있다면

가족과의 관계 리셋하기

수십 년 동안 일을 해온 것은 가족 부양을 위해서입니다. 가족에 대한 책임감, 사랑, 이런 것이 쓰디쓴 조직 생활을 버티게 한 힘입니다. 그런데 막상 퇴직을 하고 보니, 가족은 내 마음 같지 않습니다. 아내에게서는 구박받고 있고, 자녀들은 나를 피하고 외면한다는 생각이 듭니다.

가족에게 나는 월급봉투에 지나지 않았나 하는 자괴감이 들 때도 있지요. 섭섭하기도 합니다. 하지만 가족들에게는 집에 있는 아버지가 익숙하지 않은 것입니다. 아내 입장에서는 그동안 하숙생 같던 남편이 갑자기 집안일에 관여하고 잔소리를 해대니 피곤할 뿐이지요.

이즈음의 아내와 아이들은 예전처럼 살갑고 다정한 남편, 아버지를 필요로 하지 않는 단계에 접어들었습니다. 아내는 갱년기에 접어들면서 호르몬의 변화로 보다 대범하고 활동적이 되지요. 그동안 아내에게 늘어난 것은 뱃살과 주름살만은 아닙니다. 동네 네트워크가 늘었지요. 찜질방 친구, 등산 모임 등이 남편보다 더 중요해진 모양입니다. 아내가 힘들 때 그 고민을 들어주고 위로해 주는, 말 그대로 인생의 반려자가 되기에 남편은 너무 바빴습니다. 그동안 아내가 부여잡고 살았던 동네 네트워크, 쿨하게 인정해 줍시다.

아이들도 마찬가지입니다. 아버지와 함께 놀고 싶고 학교 행사에 함께 가고 싶었던 어린 시절에 아버지는 집에 없었지요. 아버지 없이 성장한 아이들은 이제 아버지의 존재가 부담스럽습니다. 가부장적 권위를 내세우는 것은 간섭이고 폭력으로 여겨집니다. 이들은 가장이 가족을 위해 힘든 직장 생활을 했다는 사실은 보지 못하고 가정의 평화를 해치는 침입자 정도로 느낍니다.

가족들은 퇴직한 남편 또는 아버지를 무시하는 것이 아니라, 불편해하는 것인지도 모릅니다. 그동안 월급봉투로 모든 책임을 대신했다고 생각한 것은 아닌지, 가족을 자신의 말 한마디로 좌지우지할 수 있는 부하 직원으로 여기지는 않았는지, 한 번쯤 돌아볼 필요가 있겠습니다.

최 부장, 전문가로 거듭나다

주말 오후에 최 부장이 시골에서 가져왔다는 튼실한 양파와 마늘을 먹어보라고 들고 왔다. 김장수 씨는 지난가을에 딴 국화잎으로 집에서 만든 국화차를 내놓았다. 이른 가을 향기를 맡으면서 두 사람은 그동안의 얘기를 나누었다.

"지난 휴가 때 시골에 다녀왔습니다. 고등학교 동창이 그곳에 가구 공방을 가지고 있어 목공일을 배우러 갔지요. 그런데 그곳에서 며칠 지내다 보니 농촌 지역의 사정이 눈에 들어오더군요. 요즘은 퇴직자들이 귀농하는 경우가 많아졌어요. 그런데 농사로 먹고살기가 보통 힘든 일이 아니거든요. 농사를 잘 짓는 것뿐 아니라 농산물을 어떻게 상품화하느냐가 굉장히 중요해요."

최 부장은 농가들이 생산에만 신경을 쓰면서 판로 개척이나 마케팅을 하지 못함으로써 매년 시장 수요나 작황에 따라 농가 소득이

요동을 치는 현상에 대해 상세히 설명했다. 입사 초기 식자재 납품 업무를 맡아 직접 농가와 거래를 하러 다니다 보니 농촌 현실을 잘 알게 됐다. 그때에도 농가들이 매년 작황에 따라 농산물 가격이 폭등을 하거나 폭락을 하는 바람에 큰 피해를 보는 것을 늘 안타깝게 생각했다. 그런데 이번에 오랜만에 농촌에 있으면서, 농가를 하나의 '생존 단위'라는 관점에서 바라보게 되고, 또 유통과 마케팅 관점에서 생각하니 농가의 상황을 타개할 방안이 아예 없는 것은 아니라고 판단되었다. 최 부장은 다양한 사례를 들어가며 농가들이 소득을 올릴 수 있는 방안을 말했다.

"최 부장이 농가 소득 개선에 큰일을 할 수 있을 것 같군요. 나름 전문 영역이잖아요. 본인의 전문성을 인정받을 수 있는 길을 더 찾아보는 건 어떨까요? 농업 생산물 유통과 마케팅 전문가이니, 그 방면에서 일을 찾으면 될 것 같아요."

"아, 그런 방법이 있었군요."

최 부장의 머릿속이 갑자기 밝아진 느낌이다. 자기가 이미 알고 있지만 그것이 정답인 줄 모르고 있을 때, 다른 사람이 이를 일깨워 줄 필요도 있는 것이다.

"이때까지 일하면서 익힌 지식도 있지만, 만약 이 분야에서 보수를 받는 일을 하려면 좀 더 배우고 경험을 쌓는 것이 필요할 것 같아요."

최 부장은 다음 단계에 해야 할 일에 대해 김장수 씨와 머리를 맞대고 보다 구체적으로 생각해 보았다.

"대학이나 전문 교육기관에서 수업을 받는 방법도 있지요. 최근에는 중장년층을 위한 재교육 프로그램도 많이 있는 것 같던데요. 꼭 대학의 정규 과정이 아니라 단기 전문 과정도 있습니다. 요새는 우리 같은 사람이 많아서 대학에서도 좀 더 실용적이고 전문화된 과정을 많이 만들고 있더군요."

"그래요? 한번 찾아보겠습니다."

"제가 늘 강조하는 게 '퇴근 후 2시간'이라고 했지요? 퇴직했다고 해서 공부가 끝난 것이 아닙니다. '퇴근 후 2시간'은 현직에 있을 때나 지금이나 똑같이 적용되어야 해요. 하겠다는 생각이 있으면 시간은 만들어집니다. 시작이 늦었다는 생각은 버리세요. 왜냐하면 나에게는 지금이 미래를 위한 가장 빠른 기회니까요."

김장수 씨의 열띤 응원에 힘입은 덕분인지, 몇 주 후 최 부장은 한 야간 대학원에 개설된 농식품 전문가 과정에 등록했다.

다시 공부하기

김장수 씨가 신학대학원을 다니기로 한 이유는 순전히 아들 때문이다. 노래를 곧잘 하던 아들이 성악을 하고 싶다고 해서 고등학교 때부터 레슨을 시켰다. 재수까지 했지만 마지막 실기 시험에서 실수를 하는 바람에 떨어졌다. 결국 음대 진학은 접고 대신 신학대학으로 진학하기로 했다. 신앙심이 깊고 음악을 좋아하니 맞을 듯했다.

그때 신학대학원 입학 요강을 보니 특별전형이 있었다. 5급 이상 공무원, 박사 학위 소지자가 해당된다.

"나도 이참에 신학을 제대로 한번 공부해야겠어."

김장수 씨의 말에 아내도 나중에 아들이 교회를 개척하면 작은 도움이라도 되지 않겠냐고 한다.

막상 신학대학원에 들어가니 교수님들이 그보다 나이가 적다. 동기들 40명 가운데서도 그가 제일 고참이다. 아들뻘 되는 학생들과 공부를 해야 한다.

2학년을 마치면 성서 고시를 본다. 다른 학생들은 성경 이야기가 나오면 씩씩하게 대답한다. 혼자 멍청이가 된 기분이다. 지금 생각해 보니 '특별전형'이라는 것은 특별히 공부 못하는 사람들을 뽑는 전형인가 보다. 뭐든지 '특별'한 것은 좋지 않다. 평범하게 살아가는 것이 낫다.

퇴직한 후에 대학원을 다니니 몇 가지 좋은 점이 있다. 긴장하고 열심히 두뇌를 쓰니까 치매에 걸리지 않을 것이다. 그리고 교수나 동기생들과 같은 새로운 관계망이 형성된다.

물론 어려운 점도 있다. '사람은 평생 공부해야 한다.'는 말도 옳지만 '공부에는 때가 있다.'는 말 또한 사실이다. 아무리 열심히 해도 라틴어와 구약성서는 너무 어렵다.

그러나 뭐든지 해보자. 인생 100년인데 하던 일만 하고, 만나던 사람만 만나고 간다면 얼마나 지겹겠는가? 이걸 왜 해야 하나, 이런 게 무슨 소용이 있나 하면서 했던 일들이 나중에 요긴하게 쓰이기도 하지 않은가?

경찰의 눈

김장수 씨는 50대 후반에 대학원을 들어가면서 걱정이 많았다. 첫날 오리엔테이션을 받으러 대강당에 갔다. 늦은 나이에 학교에 다니려면 도움을 좀 받아야 되니까, 젊은 친구를 잘 사귀어야겠다고 생각했다. 어떤 친구를 찍을까? 머리를 단정하게 빗어 넘기고, 눈이 동그랗고, 쌍꺼풀이 있고, 책을 한 권 들고 맨 앞에 앉은 학생.

"안녕하세요? 대학원 신입생이세요?"

"네."

이름이 재영이라고 한다.

"어떻게 이 학교 왔어요?"

"아버지가 목사님이세요. 전공은 교회 음악입니다."

김장수 씨가 찾던 파트너다!

"오늘 저랑 차 한잔 하시죠."

학기가 시작되자 재영이를 찾았다. 그런데 너무 바빠 동에 번쩍, 서에 번쩍, 얼굴 볼 틈이 없다. 집에서 독립해서 주간에 일하고 밤에 공부하느라 바쁘다고 한다. 그래도 가끔 밥을 같이 먹는다. 공부할 시간이 없다고 해서 김장수 씨가 요약한 것을 보여준다.

"제가 도움을 드려야 하는데, 그 반대네요. 요새 집이랑 인연을 끊고 살다 보니 경제적으로 힘들어서 공부에 집중할 수가 없어요."

"왜?"

"사랑하는 사람 때문입니다."

"왜?"

"사랑하는 여자가 있는데, 나이가 많다고 반대하십니다. 양쪽 집안에서……."

"몇 살 많은데?"

선뜻 말을 못 한다.

"세 살?"

"아니요."

"다섯 살?"

"아니요."

"여덟 살?"

"아니요. 그 이상."

"힘들겠구나. 내가 요약해 올게."

경찰의 매서운 눈도 세월이 지나면 이렇듯 무뎌지나 보다.

커닝 페이퍼

신학대학원에서는 언어 공부가 가장 힘들다. 히브리어, 헬라어, 매일 보는 쪽지 시험도 모자라 중간고사, 기말고사도 빨리빨리 돌아온다. 방법은 없다. 외워지지도 않고, 어떤 것이 나올지도 모른다. 책상 위에 써놓자. 바쁘니까 뵈는 것이 없다.

그는 연애하느라 바쁜 재영이와 책상 위에 예상 문제 몇 가지를 써놓았다.

주관식 문제였는데 예상 문제가 적중하지 않았다. 나올 때 책상 위를 물티슈로 닦아놓고 나왔는데, 과대표가 쉬는 시간에 김장수 씨한테 와서 말한다.

"소장님, 오해하지 마시고 들으세요. 저희 반의 몇 분이 전달해 달라고 해서요. 시험 볼 때 커닝하는 사람 다섯 명에 대해서 경고 좀 해달랍니다."

김장수 씨는 가슴이 뜨끔했다.

"아, 그래요, 미안합니다. 다음부터는 안 하겠습니다."

공부도 못하는 그가 제일 앞에 앉아서 커닝을 그렇게 대놓고 했으니……. 요령이 없는 자신을 많이 반성했다.

항의했다는 사람에게 문자메시지로 '미안합니다. 마음 상하셨겠네요. 앞으로 커닝 안 하고 정직하게 시험 보겠습니다.'라고 보냈다. 답이 없다. 자존심이 상했다. 내심 겸연쩍어하며 재영이에게도 말한다.

"재영아, 너도 문자메시지 보내. 미안하다고."

재영이가 문자메시지를 보내니 곧장 답장이 왔다.

'목사님 아들이 커닝해도 되냐? 신학은 왜 하는 거야?' 등등 뼈아픈 소리를 적어놓았단다.

그래! 우리 잘못이다. 오늘부터 맨 뒤에 앉아서 공부 열심히 하자고 다짐했다. 커닝하지 않고 기말고사를 치렀다. 구약개론 학점은 D-. 재영이도 D-. 재앙은 거기서 그치지 않았다. 교수님들까지 수업 시간에 커닝을 불신앙의 사례로 들었다. 커닝 한번 하려다가 된통 당했다.

함께 야간 신학대학원을 다니는 사람들이 40명이다. 그중 30대가 30명, 40대가 8명, 50대가 2명이다. 직장인들이 많다. 주차장을 보면 타고 온 차도 여러 가지다. 트럭, 승용차, 택시 등…….

오후 6시 30분부터 10시 30분까지 강의실에 불이 환하게 켜져 있다. 벌써 3년째다. 김장수 씨는 나이 먹은 사람이 젊은 사람들 사이에서 잘 지내는 방법을 찾아냈다. 학생들 가정에 결혼식, 백일, 돌잔치가 있으면 찾아가서 축하해 주고, 중간고사나 기말고사가 있으면 예상 문제를 요약해 돌리고, 교수님들 쉬는 시간에 음료수 준비해서 드리고 잠깐 말동무해드리고, 더울 때에는 아이스크림 돌리고, 시험 쉽게 내시라고 학생들 대신해서 총대 메고 말하고, A4 용지 필요하면 준비해 놓고, 틈틈이 밥 사고, 아는 학생이 식당에서 밥 먹고 있으면 먼저 돈을 낸다. 그것이 나이 먹어서도 인정받는 방법이다.

나이 들어도 사람들에게 인기 잃지 않는 비결이 있다. 나이 들수록 지갑은 열고 입은 닫아야 한다.

당신이 퇴직을 준비하고 있다면

행복해지기, 열정 채우기

퇴직을 하는 순간 갑자기 삶의 지시등이 꺼집니다. 무엇을 해야겠다. 무엇을 하고 싶다는 마음의 열정도 함께 죽어버립니다. 직장의 출퇴근 시간에 구속돼 있을 때는 창밖의 자전거만 보아도 저것을 타고 마음 내키는 대로 달린다면 얼마나 행복할까 생각했는데, 이제 자전거를 보도 감흥이 오지 않습니다. 아무것도 재미있지 않습니다. 퇴직으로 인한 일시적인 공허감에 빠진 것이지요. 이때 뭐든지 억지로 하려다가는 몸에 고장이 나고 마음에 상처만 생깁니다. 내 몸과 마음이 의욕을 되찾기까지 시간이 필요하니, 억지로 허한 마음을 채우려고 하지 마십시오. 기다려 보세요. 내 마음을 채우고 나를 움직이게 할 새로운 열정이 나타날 때까지.

잡초 하나 남기지 않고 말끔하게 주변 정리를 하지는 마십시오. 사람이든 취미 생활이든 공부나 일이든, 다가올 무언가를 위해 길을 남겨두어야 합니다. 주변 사람들을 보십시오. 그들은 어떤 것에 기뻐하며 무엇을 하며 시간을 보내는지 말입니다. 그들에게 의미 있는 삶은 그렇게 크고 거창하지 않습니다. 한 끼 밥에도, 한 잔의 커피에도 기쁨과 소망이 담겨 있습니다.

자신의 삶을 돌아보세요. 혹시 젊었을 때 여건이 닿지 않아 포기했던 일이나 취미 활동은 없었는지 말입니다. 나이가 많아서 새로 시작하는 것이 힘들다고요? 절대 그렇지 않습니다. 요즘 대학원에는 은퇴한 학생들이 늘고 있다고 합니다. 바리스타 교육을 받으러 오는 50대, 60대도 낯설지 않고, 세계일주 배낭여행을 목표로 몸 만들고 영어 회화 공부에 전념하는 퇴직자들도 많답니다.

퇴직 이후를 미리 준비한 사람도 있겠지만, 지금부터라도 늦지 않습니다. 앞으로 20~30년을 일하기 위해 무엇을 준비해야 할지 곰곰이 생각해 보아야 합니다. 경기가 나쁘니 창업을 하지 마라, 나이가 많은데 어디에 취직이 되겠느냐, 이런 얘기들이 많지만 지나치게 비관적인 생각은 버리도록 하세요.

50대, 60대에도 취업에 성공하고 자기의 일을 찾아 멋지게 컴백하는 은퇴자들이 많습니다. 자신에게 적합한 삶이란 어떤 것인지에 대한 깊은 성찰을 토대로 스스로 즐기면서 잘할 수 있는 일을 찾아서 준비한다면 멋진 인생 2막이 펼쳐질 것입니다.

최 부장은 어떻게 퇴직 후 재취업에 성공했나?

자기만의 무기를 찾기 위해서는
미리 준비하는 수밖에 없습니다.
직장을 다니는 동안에 준비하면 더 좋습니다.
퇴근 후 2시간은 퇴직 후를 위한 골든 타임입니다.
직장인이 자기 스스로를 위해 가지는 생명줄 같은 시간,
이를 잘 활용한다면 퇴직 후 더욱 여유롭고
행복한 삶이 보장될 것입니다.

최 부장, 회사를 졸업하다

최 부장이 휴가를 끝내고 출근하니, 화제가 온통 얼마 전에 퇴직한 김 부장 이야기다. 정년퇴직하고 행복한 은퇴 생활을 즐길 줄 알았더니 그렇지도 않은 모양이다. 얼마 전에 사내 인트라넷에 올린 그의 글은 퇴직을 앞두고 있는 많은 중견 간부들에게 주는 충고이자 회한 섞인 반성문이었다.

퇴직 전 내 생활은 집과 회사가 전부였습니다. 퇴직하고 사회에 나와 보니 지금까지 듣도 보도 못한 것들이 많고 세상이 너무 넓다는 것에 놀랐습니다. 회사 울타리 안에서 내가 세상을 너무 모르고 살았다는 생각이 듭니다. 퇴직 선배로서 여러분에게 당부하고 싶은 것은 지금 회사원일지라도 사회와 소통할 창구를 만들어놓고 항상 열어두어야 한다는 것입니다. 물론 근무에도 힘쓰기를 바랍니다.

그러나 퇴직 후의 인생을 설계하는 일은 퇴직한 후에 시작하면 이미 늦다는 것을 꼭 말씀드리고 싶습니다.

가장 최근에 직속 부하 직원이었던 박 과장이 김 부장을 만나고 왔다고 한다.

"지금까지 열심히 일했네. 이제는 좀 쉬면서 좋아하는 것을 하며 편하게 살고 싶었지. 그러나 아직 남아 있는 긴 여생을 생각하면 마냥 쉬면서 여유 있게 보낼 상황은 아니야. 문제는 무엇을 하고 살아야 할지 막막하고, 아무런 계획과 대책이 없다는 거야."

박 과장이 김 부장의 말을 들으며 슬쩍 눈치를 보니 사모님도 편안해 보이지는 않았다. 30년 동안 가정, 자녀 교육, 부모 봉양 등 모든 문제를 자신에게 맡겨놓던 남편이 퇴직한 후부터 그런 문제들에 간섭하며 자기 위주의 주장과 행동을 하니 마찰이 자주 생긴 것이다. 아이들과도 갈등이 있다고 한다. 돈은 안 벌어도 좋으니 아무 데나 나가서 일을 하면 좋겠단다.

김 부장 소식을 전해 들으면서 최 부장은 퇴직 후 설계를 보다 철저히 해야겠다고 마음먹었다. 김장수 씨가 들려준 '퇴근 후 2시간'을 당장 실천하지 않으면 안 되겠다는 위기감이 생겼다.

한동안 조용하던 회사가 다시 태풍 맞은 판잣집처럼 풀썩이기 시작했다. 회사를 인수한 그룹에서 회사 경영이나 진행 중인 프로젝트 등을 파악하는 데에 시간을 들이더니, 드디어 구조조정의 칼자

루를 뽑은 것이다.

최 부장은 새로운 경영진이나 임원진과는 학연으로도, 지연으로도 엮이는 게 없다는 것을 일찌감치 파악하고 마음을 비웠다. 이사 승진을 앞두고 있었으나, 이제는 임원의 꿈은 포기해야만 했다. 다만, 정년까지는 회사에 남아 있고 싶다는 뜻을 새로운 경영진에 밝혔다.

하지만 이 바람도 이루어지지 못했다. 인사 발표가 났을 때, 6년 후배가 자신을 제치고 이사로 승진했고, 그는 명예퇴직자 명단에 이름이 올랐다. 경영진의 뜻은 분명했다.

후배가 상사가 되든 말든 눈치 없이 버틸 수는 있다. 하지만 누구 밑에서 일해야 하는 것이 문제가 아니라 앞으로 주어질 업무, 사내 역학 관계 등이 그를 조금씩 구석으로 몰아넣을 것이다. 더 이상 버텨봐야 소용이 없다.

걱정이 현실이 됐지만, 최 부장은 그래도 생각만큼 힘들지는 않았다. 믿는 구석이 있었기 때문이다. 그동안 김장수 씨의 조언에 따라 6개월 단기 과정의 농식품 전문가 과정을 마친 시점이라, 회사의 상황이 새로운 출발의 계기로 여겨졌다. 나이가 마음에 걸리지만, 어쩌면 나이 때문에 더 잘할 수 있으리라는 기대감도 생겼다.

물론 개운치 않은 면도 있다. 스스로 능력이 부족해 잘렸다는 생각을 하는 것은 아니지만 타의에 의해 회사를 나오는 것은 그의 자존감에 상처가 될 수밖에 없는 것이다. 김장수 씨와 통화를 하면서 최 부장은 자신의 이런 기분을 솔직하게 말했다. 이에 대한 김장수 씨의 대답이 엉뚱했다.

"회사를 그만 다니게 됐다고 생각지 말고 '회사를 졸업했다'고 생각하세요."

회사를 졸업했다고? 생각해 보니 맞는 말이다.

중·고등학생은 3년 만에 졸업을 한다. 대학생도 개인에 따라 조금씩 다르지만 때가 되면 졸업을 한다. 나갈 때가 됐는데 졸업을 하지 않는다면 그게 문제다.

회사도 마찬가지다. 다닐 만큼 다녔다. IMF도 경험했고, 그동안 수차례의 구조조정에서도 살아남았다. 합병 이후에 업무 스트레스를 많이 받았지만 자신이 맡은 프로젝트에서는 좋은 성과를 냈고 끝까지 최선을 다했다. 입사 동기 가운데 그보다 먼저 퇴사한 사람이 태반이다. 그는 취직부터 승진까지 행운아로 지냈다는 생각을 했다. 그리고 이제 졸업할 때가 된 것뿐이다.

회사는 제2의 도약을 위한 발판이다. 그만 다니게 됐다고 생각하지 말고 졸업했다고 생각하자.

평생직장은 없어도 평생직업은 있다

은퇴하고 나서 어려움을 호소하는 사람들이 많습니다. '한 우물만 팠다.', '30여 년 동안 한 사무실에서 매일 보는 사람들과 매일 똑같은 업무만 하다가 갑자기 사회에 나오니 어지럽다.'고도 합니다. 회사에 다니면서 우물 안 개구리가 된 셈이지요. '대기업을 다녔으니, 회사를 나간다 하더라도 내가 갈 곳이 없겠나?'라고 생각했는데 바깥세상은 비집고 들어갈 틈이 없습니다. 그동안 온실에만 있었던 탓인지 바깥에서 느끼는 체감 온도는 엄동설한입니다.

재취업을 위해 구직 활동을 하다 보니, 자신이 해온 일에 그다지 전문성이 없다는 사실도 깨닫습니다. 새삼 매서운 바람이 몸을 파고듭니다. 그래도 좌절은 금물. 지금부터 시작해도 늦지 않습니다. 앞으로 남은 긴 세월. 누군가의 등에 업혀갈 수는 없습니다. 평생직장은 없어도 평생직업은 있습니다.

과거에 내가 했던 일은 사라지고 대신 다른 기회들이 열리고 있습니다. 예전에는 생각도 못했던 서비스가 생기고 이를 중심으로 신생 기업들이 생겨나고, 예전과는 다른 일자리가 생겨납니다.

이 때문에 일자리를 찾아 이리저리 옮겨다니는 직업 유목민이 생겨났습니다. 잦은 이직과 전직도 어쩔 수 없는 사회의 변화입니다. 이제 자신만의 무기로 무장해야 합니다. 나의 무기는 다른 누군가에 의해 쉽게 대체될 수 없는 특수성과 전문성입니다. 재취업이 가장 힘든 계층이 대기업 사무직 출신이라고 합니다. 경영, 회계, 홍보 업무 등은 범용성이 높아서 임금이 많지 않은 젊은 사람을 구하기 때문입니다. 반면에 전문적인 지식이나 기술이 있는 사람은 나이와 무관하게 취업이 용이합니다.

자기만의 무기를 찾아 평생직업을 구하기 위해서는 미리 준비하는 수밖에 없지요. 직장을 다니는 동안에 준비하는 것이 더 좋습니다. 퇴근 후 2시간은 퇴직 후를 위한 골든 타임입니다. 직장인이 자기 스스로를 위해 가지는 생명줄 같은 시간. 이를 잘 활용한다면 퇴직 후 더욱 여유롭고 행복한 삶이 보장될 것입니다.

졸업, 그리고 새로운 시작

최 부장은 마음의 결정을 하고 나니 조금은 후련한 기분까지 들었다. 그는 우선 아내에게 사정을 설명했다. 아내도 그동안의 분위기로 회사 사정을 짐작하고 있었기에 갑작스러운 사표 이야기에도 담담하게 고개를 끄덕인다.

"당신, 그래도 후회 없겠어?"

주변에서 들은 이야기로 순간적인 기분에 못 이겨 사표를 내고 다음 날부터 후회하는 일이 많기에 다시 다짐을 받는다.

"당신한테는 미안해. 당분간 걱정이 많을 테니까. 아이들도 아직 어리고. 그래도 최선을 다해서 빨리 다른 일을 잡도록 할게. 뭐든지 할 수 있을 거야."

최 부장은 아내에게도, 자기 자신에게도 다짐을 한다.

두 사람은 갑자기 생긴 자유를 기념하기 위해 그동안 하지 못했던 가족여행을 다녀오기로 했다. 가족끼리 함께 시간을 보내면서 오랜만에 많은 대화를 나누었다. 아이들도 어느 정도 커서인지 가정에 생긴 변화를 이해하고, 이에 잘 적응하기 위해 노력하겠다고 말했다.

그는 아내와 당분간의 살림 긴축 재정 계획을 세웠다. 퇴직금과 희망퇴직 위로금으로 어느 정도 목돈은 생겼지만 재취업이 돼서 다시 돈을 벌 수 있을 때까지 얼마나 시간이 걸릴지 모르기 때문에 최대한 생활비를 절약하기로 정한 것이다. 생활비를 절약할 수 있는 방법을 이리저리 얘기하다 보니, 돈을 적게 쓰는 삶도 결코 나쁘지만은 않아 보였다.

당신이 퇴직을 준비하고 있다면

돈에 대한 스트레스를 물리치자

돈과 자유는 반비례 관계입니다. 돈을 많이 벌기 위해서는 개인 시간과 자유로움을 포기할 수밖에 없습니다. 반대로 천지사방에 구속됨 없이 자유로운 사람이 돈까지 잘 벌 수는 없지요. 돈도 잘 벌면서 마음 내키는 대로 살 수 있는 직업이 없지는 않겠지만 위의 공식이 일반적인 원칙입니다.

퇴직 전의 상황을 보면 대체로 경제적으로 여유가 있지만 시간과 자유가 없는 생활입니다. 퇴직 후는 반대지요. 갑자기 닥치는 소득 절벽은 고통스럽지만, 한편으로는 무한대의 시간과 자유가 주어집니다. 그런데 퇴직자들은 시간이 철철 넘치는 것이 더 괴롭다고 합니다. 자유로운 시간에 익숙하지 않기 때문이지요. 하지만 시간 역시 유한한 자원임을 기억할 필요가 있습니다. 노년기에 발을 들이는 사람에게 시간이란 더욱 빠르게 줄어드는 자원입니다. 자기에게 주어진 시간을 어떻게 유용하게 사용하는가에 대한 문제는 더 높은 단계의 자기완성과 관련되어 있지요.

다시 돈 얘기로 돌아가자면, 시간은 돈의 대체재가 될 수 있습니다. 돈이 필요한 것은 살아가는 데 필요한 재화와 서비스를 얻기 위해서입니다. 시장경제에 익숙한 우리는 필요한 것을 얻으려면 우선적으로 화폐가 필요하다고 생각하지만, 단순하게 살기로 한다면 나의 노동력으로 내가 필요한 것을 얻을 수 있습니다. 텃밭에 야채를 기르거나, 자동차 세차를 자기 손으로 하는 것을 예로 들 수 있습니다.

직업 전환기에 닥치는 경제적 염려도 생각하기에 따라 절대적인 것이 아닐 수 있습니다. 돈의 문제를 간단히 말하면, 버는 것보다 덜 쓰면 되는 문제입니다. 골프 대신 자전거로 운동을 하고, 고급 한정식과 양주 대신 삼겹살과 소주를 먹고 마시면 되지요. 물질에 대한 욕망을 제어하는 훈련이 필요합니다. 잘나가던 시절의 일들은 잊어버리는 게 낫지요. 누려봤으니까 아쉬울 것도 없습니다. 돈이 인격이나 품위와 별개의 것이라고 생각한다면 돈 때문에 구차해질 이유는 하나도 없습니다. 그럼에도 불구하고 나에게 반드시 이 정도의 돈은 있어야 한다고 생각한다면, 나가서 벌면 됩니다. 얼마를 벌어야 만족할 수 있을지를 정하는 것은 자기의 몫입니다.

구직 활동도 전문가처럼

가족여행에서 돌아온 최 부장의 눈앞에는 퇴직자로서의 현실이 버티고 있었다. 희망퇴직, 명예퇴직 등 이름은 여러 가지지만 결국 실직이란 현실을 가릴 수는 없다.

산업의 재편이나 기업 환경의 악화 등 대외적 요인에 의한 실직이라고 해도 당하는 사람 입장에서는 자신의 무능함에 대한 선고인 것 같아 가슴이 무겁다. 하지만 이러한 경험은 그에게만 일어나는 일이 아니다. 회사를 위해 야근을 밥 먹듯 했던 사람에게나, 해외 현장에서 청춘을 다 바쳤던 사람에게나 매한가지로 일어난다. 그러니 지나치게 의기소침해할 필요는 없다.

최 부장은 하루 종일 가장이 집에 있으면 아내가 마음고생이 심하다는 말을 여러 번 들었다. 그래서 되도록이면 회사에 다니던 것처럼 낮 시간은 밖에서 보내기로 했다.

당장 구직 활동을 시작하고 실업 급여를 받을 수 있는지도 알아보기 위해 집 근처의 구직 센터를 검색해 보았다. 최근 정부의 노동 정책에서 중장년 실업과 이들의 재취업을 지원하는 것이 주요한 과제가 되었음이 분명하다. 다양한 기관에서 취업 알선 및 구직 활동 지원 사업을 하고 있었다. 대표적인 것이 '중장년 일자리 희망센터'다. 고용노동부에서 주관하며 노사발전재단, 전경련, 한국경영자총협회, 중소기업중앙회 등 경제 단체들이 맡아 운영하고 있다.

최 부장은 집에서 가까운 노사발전재단 중장년 일자리 희망센터를 찾아갔다. 사무실 문을 밀고 들어서니 넓은 사무실 안에 컴퓨터와 사무기기가 비치돼 있었다. 컴퓨터 앞에서는 중장년층으로 보이는 사람들이 인터넷으로 이런저런 정보를 검색하고 있었다. 최 부장은 등록을 한 뒤 자신에게 배정된 담당 컨설턴트와 일대일 상담에 들어갔다. 경력 6년차의 취업 지원 및 상담 컨설턴트였다. 담당 컨설턴트는 앞으로 재취업에 필요한 기본 과정으로 20시간의 교육이 있으며, 이후에 개별적 면담과 취업 지원 활동이 이루어진다고 설명했다.

담당 컨설턴트가 최근에 재취업에 성공한 사례와 함께 중장년 취업의 어려움에 대해서도 객관적이면서도 세밀하게 설명해 주어 신뢰감이 생겼다.

"이곳에는 40~60대까지 다양한 연령층의 구직자들이 찾아옵니다. 그래도 가장 많이 찾아오는 계층이 50대이지요. 나이에 따라 일을 하고자 하는 동기나 상황이 다르기 때문에 거기에 맞추어 도와드립니다."

예를 들면 40대는 한창 일할 나이인 데다 자녀 교육비 등으로 경제적 안정이 절실하니까 되도록 빨리 재취업을 하기를 원한다고 한다. 60대의 경우에는 보수, 대우, 체면 따위에 연연하지 않고 오로지 소일거리로 일을 찾는 사람들이 많다. 아파트 경비원이나 어린이집 운전기사라도 상관없다는 식이다. 따라서 목표 설정이 용이한 편이다.

"하지만 50대의 경우는 단순히 직업을 찾는 것 이상의 문제가 있습니다. 정년퇴직을 했건, 희망퇴직을 했건 제1의 직업 인생을 어느 정도 마무리한 사람들이기 때문에 다음 단계의 일을 찾기 전에 더 신중한 접근이 필요합니다. 단순히 일자리를 알아보고 취업 요령을 배우는 것만으로 충분하지 않아요. 자기가 무엇을 잘할 수 있는지, 무엇을 하면서 여생을 보내기 원하는지와 같은 자기 성찰이 필요한 때입니다."

최 부장은 동의한다는 듯이 머리를 끄덕였다.

"시장에는 일자리를 찾는 사람만 있는 게 아니에요. 일할 사람을 찾는 기업도 많고 의외로 나이 든 사람들에게 맞는 일자리도 많습니다. 열심히 찾는다면 선생님에게 꼭 맞는 일자리를 찾을 수 있을 겁니다."

격려와 확신이 담긴 담당 컨설턴트의 이야기에 최 부장은 마음

한편에 있던 불안감이 사라지는 것을 느꼈다. 20시간의 기본 교육을 받는 2주 동안 그는 매일 센터에 나와서 정보 검색을 하고 사람들과 어울리면서 시간을 보냈다.

돌아보지 마라, 뒤에는 꿈이 없다

일요일 오전 예배를 마치고 나오던 김장수 씨는 교회 앞에서 경찰 선배인 김 청장을 만났다. 예전에 교회를 다니다가 업무에 쫓기면서 교회와 멀어졌다는 얘기를 들은 기억이 났다. 아내와 동행한 김 청장은 상가에서 봤을 때와는 다른 모습이었다. 그때보다는 편안하고 여유가 있었다.

"청장님, 좋아 보이십니다."

김장수 씨가 인사를 건네니 옆에 있던 사모님이 의미심장하게 웃는다. 근처의 카페에 자리를 잡은 뒤 김 청장이 들려준 이야기는 매우 유쾌한 '인생반전'이었다.

퇴직 이후 2년간을 화려했던 과거에만 집착해 살던 김 청장은 우울증, 불면증, 신경쇠약으로 거의 쓰러지기 직전이었다.

그러던 어느 날 아내가 여행 팸플릿을 한 장 들고 와서 그에게 여행을 다녀올 것을 권했다. 베트남과 라오스였다. 그가 영화 〈지옥의 묵시록〉을 보고 난 뒤 꼭 가고 싶다고 했던 곳, 젊어서는 해외여행도 마음대로 갈 처지가 아니었기에 막연히 언젠가는 가보리라 생각했던 곳이다.

머릿속도 정리하고 마음도 비우고 오라며 간곡하게 권하는 아내에게 등을 떠밀려 비행기를 탔다. 영어도, 길 찾는 것도 서툴러 단체 관광을 예약했다. 4박 5일의 짧은 여행에서 돌아온 김 청장은 그야말로 딴사람이 된 듯했다.

첫날, 공항에서 모인 사람 가운데 그 혼자만 양복에 넥타이를 매고 나타났다. 열 명 단체 관광객 가운데 일곱 명이 중년 여성들, 세 명이 그 또래의 중년 남성들이었다. 다른 이들은 처음 만난 사이인데도 서로 짐을 들어주고 친한 척을 했다. 서로 '무슨 일 하는 사람이냐', '왜 왔냐' 묻지도 않는다. 그저 함께 여행하는 길동무일 뿐이다. 혼자서 멀뚱하게 서 있던 김 청장은 곧 아줌마 부대에 의해 '전직 상무님'이라는 별명을 얻었다. 자기소개를 하기도 전에 뻣뻣한 자세, 다른 사람을 부리는 것 같은 말투, 자기중심적인 행동에서 임원 근성이 드러났다는 것이었다.

하지만 그런 별명을 붙인 아줌마들이 악의로 그를 대한 것은 아니었다. 오히려 '이름 없는 평범한 아저씨'에 불과한 그를 위해 많은 조언을 해주었다. 현지에 도착하자마자 양복 대신 편안한 캐주얼로 갈아입게 하고, 식당에 가서는 여성들을 위해 물을 나르게 하는 등 생전 안 해본 각종 서비스를 하도록 시켰다.

불쾌하게 생각했던 것도 잠시, 김 청장은 얼어붙었던 마음이 스르르 녹는 것을 느꼈다. 그동안 혼자서만 지내다가 여행지에서 친구들도 사귄 데다, 사람이 반드시 고고하게 살 필요는 없다는 생각이 들었다. 생활 수준, 교육 수준을 따지지 않아도 친구가 되고 서로 마음을 나눌 수 있다는 것도 알았다.

그뿐인가. 좋은 경치를 보면 행복하고 땀 흘리면서 걷다 보면 가슴속에 희열이 차올랐다. 사방을 둘러보니 눈에 보이는 모든 것이 새롭고 아름답다. 오랜만에 가슴이 두근거리는 경험을 했다.

그는 과거를 돌아보았다. 경찰에서 승진을 거듭해 청장에 올라간 화려했던 과거가 아니라, 40년 전 가진 것 없고 미래도 불투명했던 청년이었던 자신……. 당시에는 아내와 결혼 약속을 하고도 방 한 칸을 구하기 힘들어 괴로워했다.

그러한 암울한 과거에 비해 현재의 자신은 얼마나 풍족하고 여유로운가. 아직 건강하고 여생을 살아가는 데 부족하나마 연금도 있지 않은가. 자녀들도 나름대로 독립해서 자기 생활을 꾸려가고 있지 않은가. 무엇보다 아내가 내 옆에 있지 않은가. 그는 그동안 왜 그토록 자신이 만든 울타리에 갇혀서 울분을 토하며 살았는지 스스로가 한심하게 느껴졌다. 집으로 돌아오면서 그는 남은 인생은 불평하지 않고 기쁘게 살겠다는 결심을 했다.

돌아보지 마라. 돌아보지 마라. 뒤에는 꿈이 없다.

중요한 것은 즉금卽今, 당처當處, 자기自己일 뿐이다.

'지금' '자기 자신'이 있는 '장소'에서 하고 있는 일이 삶의 모든 것이다.

전직이 아니라 창직을 하라

나이가 들면 사회적 네트워크가 점점 축소된다. 특히 회사를 나온 한국 중년 남성들의 경우, 낙동강 오리알과 매한가지다. 직장 동료, 거래처 사람들 등 업무로 맺어진 네트워크는 더 이상 만날 일이 없고, 대학 동창, 동호회 사람들, 친척들도 자격지심 때문에 만나는 것이 꺼려진다. 결국 가족이나 이웃, 그나마 사회적 이해타산이 덜한 초등학교 동창, 종교 모임이 그 자리를 대신하는데, 이러한 관계망을 갖지 못한 퇴직자들은 사회적으로 고립될 수밖에 없다. 얼마 안 되는 인간관계에 기대어 살다 보면 늘 만나는 사람만 만나고 늘 하던 얘기만 하면서 살게 된다.

인간은 관계 속에서 성장한다. 사람을 만나서 정보도 얻고, 살아갈 용기와 힘도 얻는다. 혼자서 뭐든 다 잘 해내는 사람은 없다. 김 장수 씨와 최 부장의 경우만 해도 그렇다. 계속 현직에 있었더라면 쉽게 친해지기 어려웠을 것이다. 하지만 퇴직이라는 사건이 두 사람을 연결해 주었다.

두 사람은 오랜만에 다시 산에 올랐다. 뜨겁던 여름 열기가 한 풀 꺾이면서 산의 표정도 온순해진 듯하다. 최 부장은 몸이 약간 마른 듯했다. 하지만 꾸준히 자전거를 타고, 산을 오르내리면서 오히려 건강은 좋아졌다고 말했다. 회사에 다니는 동안 잦은 야근과 회식을 한 탓에, 간 수치와 혈압이 높은 편이었다. 이런 건강 상태로는 다시 일을 하는 데 걸림돌이 된다. 몸이라도 건강해야지 하는 생각에 담배를 끊으려고 노력하고 있다고 했다. 하지만 머릿속이 복잡해 단박에 끊지는 못하는 모양이다.

"다시 취업을 하려고 이력서도 쓰고, 구인 광고도 열심히 찾아보고 있지만, 왠지 길이 이것뿐일까 하는 생각이 드네요. 회사를 나와서 다른 회사에 다시 입사를 하는 것이 후퇴라는 생각이 들어요. 결국 이전에 다니던 회사보다 규모가 작은 회사들밖에 없으니……."

"창업이라도 생각하시나요?"

"딱히 그런 것은 아닙니다만…… 새로운 직장을 구해 들어간다 하더라도 오래 있기 힘든 상황이고, 뭔가 조금 더 근본적인 대책을 세우고 싶다는 생각이 듭니다."

모든 것이 잘되리라. 그래도 대기업 출신인데 내가 갈 곳이 없겠는가. 처음에 가진 긍정적인 생각이 언제부터인가 슬금슬금 빠져나간다. 구직 활동이 더 힘들게 느껴졌다.

　이러한 최 부장의 심정이 김장수 씨에게도 전달된다.

　"옛날처럼 안정된 직장이란 없죠. 일자리도 점점 줄어들고. 요즘은 일자리를 스스로 만들어야 한다고 생각합니다. 예전에 있던 업종이 점점 사라지고 있지만 그만큼 새로운 일자리도 많이 만들어지거든요. 자기가 자기 일을 만드는 세상입니다. 창업이 아니라 창직을 하라는 말이 있죠."

　"창직? 직업을 만든다는 뜻이죠? 그런데 어떻게 창직을 하죠?"

　"제 친구 중에 낚시광이 있어요. 학교 다닐 때부터 주말마다 낚시를 다녔으니 낚시 공력이 30년은 넘지요. 이 친구는 원래 IT 기업에 종사하고 있었는데, 이쪽의 직업 수명이 무척 짧다고 해요."

　"IT라고 하면 다른 사무직과는 달리 기술이 있으니까 더 오래 일할 수 있을 것 같은데요."

　"기술 변화 속도가 너무 빠르다 보니까 중장년층이 그 변화를 계속 따라가기가 어렵다는군요. 나이 들면 새로운 것을 배우는 일이 어렵다는 게 편견이라고 하지만, 어느 정도는 맞는 말이기도 해요. 스마트폰이나 컴퓨터 다루는 실력은 10대, 20대와 우리가 경쟁할 수가 없거든요. 그러다 보니 그쪽 업계에서는 30대 중반까지 기술로 버티고, 그다음에는 영업하다가, 40대 중반에 이르면 더 이상 직장에서 버틸 수가 없는 형편이랍니다. 그래서 이 친구는 일을 그만둔 뒤에 무엇을 할 것인지 고민을 많이 하다가 자기가 좋아하는 낚시에서 힌트를 찾았습니다."

"그래요? 낚시 가게를 열었나요?"

최 부장은 관심을 보인다.

"낚시에서 중요한 게 낚시찌거든요. 그래서 낚시찌를 직접 디자인해서 생산하고 이를 자기가 만든 전문 온라인몰에서 팔기 시작했답니다."

"흥미롭군요. 그런데 낚시찌에 대한 수요가 많나요?"

"낚시 좋아하는 남자들이 의외로 많습니다. 케이블 채널에 낚시 전문 채널이 있을 정도인데요. 낚시찌에 관해서는 30년 취미 생활 내공이 있고, 온라인 운영에 있어서도 IT 기업 근무 경험이 있으니까 노하우가 풍부했지요."

"자신의 강점을 잘 활용했네요."

"그렇지요. 최근에는 일본에서 수입한 낚시찌도 함께 판매하고, 또 자신이 속해 있는 낚시 동호회에도 나가서 홍보를 계속하니 입소문이 나서 손님들이 찾아오더랍니다. 그런 방식으로 앞으로도 시장을 더 키워나갈 계획이랍니다. 물론 자신이 좋아하는 낚시도 계속할 수 있으니 일석이조지요."

"취미도 퇴직 후에는 큰 강점이 될 수 있네요. 사실 저도 비슷한 사례를 알고 있어요. 제가 지난여름 휴가 때 찾아갔던 동창 녀석의 가구 공방에 주말마다 한 회사원이 일을 배우러 온답니다. 처음에는 책상 앞에만 있던 양반이 거친 목수 일을 하니 너무 힘들어하더래요. 하지만 꾸준히 하다 보니 지금은 체력이 아주 좋아졌답니다. 그 일을 하면서 성격도 변했지요. 업무에서도 적극적이 되니까 실적도 올라가고요."

"남들 안 하는 일을 하다 보면 예상치 못했던 결실을 보기도 하죠. 취미 생활만 잘해도 노후가 보장된다니까요."

최 부장이 고개를 끄덕였다.

"다른 누군가가 이 일을 하라고 정해주지는 않아요. 엉뚱하다 싶어도 자기가 좋아하는 활동을 하다 보면, 그게 쌓이고 쌓여 전문가 반열에 오르고, 돈벌이가 되는 시점이 오는 것이지요."

"제 매부가 늘 자기는 퇴직하고 나면 '테이블 몇 개만 있는 작은 이탈리아 식당'을 하겠다면서 주말마다 요리 강좌를 듣던데, 이것도 창업이 아니라 창직의 개념으로 생각할 수 있을까요?"

"자본금만 들고 스파게티 가게 프랜차이즈를 찾아간다면 창업이겠지만, 그분이 자기만의 레시피, 자기만의 식재료 확보와 가게 운영 노하우를 갖고 시작한다면, 그것은 돈벌이뿐 아니라 자기실현이니까, 창직이 되는 것이지요. 이런 사람들은 자기가 좋아하는 일을 하는 것이니까, 수익이 크지 않아도 개의치 않겠지요."

미국의 직업 선호도 조사에서는 요리사가 상위에 랭크된다. 레스토랑이 많기로 유명한 샌프란시스코의 요리 학원을 가보면 취업을 하기 위해 요리를 배우는 20대의 젊은이도 많지만 마흔이 넘은 직장인들이 취미로 요리를 배우는 경우도 많다. 요리 학원을 다니는 직장인들의 직업을 보면, 신경외과 의사에서부터 변호사, 공인회계사에 이르기까지 전문직이 많다. 이 사람들이 취미로 요리를 배우다가 어느 순간에 내 요리를 다른 사람에게 먹이고 싶다는 욕구가 생기면 자연스럽게 요리사가 되는 것이다.

시간이 흐를수록 취미를 직업으로 이어가는 사람들이 늘어나고 있다. '자아실현'과 '밥벌이'가 동시에 이루어지는 삶이 행복한 것이다.

이제 '안정된 직장'이란 개념 자체가 없다. 일자리도 점점 줄어들고 있다. 요즘은 자기가 자기 일을 만드는 세상이다. 창업이 아니라 창직을 해야 한다.

잘 노는 사람이 잘된다

노인에게 '앙코르 세대'라는 이름을 붙인 사람은 미국의 마크 프리드먼입니다. 그는 은퇴 후 커리어 관리법으로 세 가지를 꼽고 있습니다. 자신이 축적한 경험과 전문 지식을 이용해 타 분야로 나가거나(커리어 리사이클링), 새로 시작하거나(커리어 체인징), 취미 활동을 타인에게 도움이 되는 직업으로 확장시키는 것(커리어 메이킹)입니다. 여기에서 창직이란 바로 커리어 메이킹에 해당하지요.

베이비붐 세대가 퇴직 후 새로운 것을 시작하기가 어려운 이유는 아이러니하게도 '그동안 일만 하고 살았기 때문'입니다. 대학에 들어가기 위해서 오직 공부로 경쟁하고, 대학생이 되어서 취업 준비만 하다가 직장에 들어가서는 새벽에 나가 한밤중에 술이 취해 들어오는 생활을 계속해 왔습니다. 그러니 취미가 있을 리 없고, 다른 재주가 있을 리가 없습니다. 심지어 자기가 뭘 좋아하는지도 모릅니다.

물이 바뀌면 물고기도 그 물에 적응을 해야 합니다. 그들은 심지어 퇴직 후에도 계속 일 생각만 하고 놀 줄을 모릅니다.

지금은 세상이 변했습니다. 사무자동화니, 생산 시설 해외 이전이니 해서 과거에 비해 일자리 자체가 줄어들었지요. 예전에 있던 직업 가운데 아예 사라진 것들도 많습니다. 이는 지금 퇴직자들이 '내 일'이라고 생각하는 일들은 대부분 내 차지가 되지 못한다는 의미입니다. 대학 교육을 밑천 삼아 하는 사무직은 더 젊고 아무리 일해도 피곤한 줄 모르고 더 적은 돈으로도 열심히 일할 의지가 충만한 젊은이들 차지가 됩니다.

대신 놀이와 관련되는 일은 점차 늘어나고 있습니다. 취미를 발전시켜 창직을 했을 때의 유리한 점은 무엇보다도 '자기가 오랫동안 즐기던 일을 한다'는 데 있습니다. 두 번째로는 함께 취미 생활을 하던 동호인들과의 오랜 친분이 강력한 비즈니스 인맥으로 작용한다는 점입니다. 동호인들은 단골손님이 되기도 하고, 정보원이 될 수도 있고, 홍보를 돕는 네트워크가 되기도 합니다. 하루아침에 취미를 갖기는 쉽지 않습니다. 하지만 앞에 놓인 수십 년의 시간을 생각한다면 지금부터라도 시작해야 합니다.

좋은 일자리는 없다

최 부장은 중장년 일자리 희망센터에서 하는 교육에 참석하면서 성실히 구직 활동을 해나가고 있다. 하루는 센터에서 마련한 중소기업 탐방 교육에 참가했다. 찾아간 곳은 경기도 북부에 있는 중소기업이다. 그쪽에서 채용하고자 하는 분야가 재무회계 방면이어서 유통, 마케팅이 전문인 최 부장에게는 해당되지 않는 자리였지만 그래도 현장 분위기라도 익힐 겸 해서 함께 간 것이었다.

회사 소개를 들어보니, 재무도 탄탄하고 사업 영역이 차별화돼 있어 어지간한 풍파에도 잘 버틸 수 있는 견실한 기업이었다. 방문한 구직자들도 회사 시설이나 근무 환경을 보고 '꽤 괜찮은 회사 같다'는 말을 이구동성으로 했다.

하지만 그런 분위기는 오래가지 않았다. 그 회사 인사 실무자와 가진 간담회 때 몇몇 구직자들이 회사의 연봉을 물었다. '임원 초봉이 6천만 원, 팀장 초봉이 4천만 원'이라는 답에 최 부장은 속으로 '괜찮군!'이라고 생각했는데 다른 구직자들은 실망한 눈치였다. 그들은 돌아오는 길에 '인사 담당자가 말한 것처럼 나름대로 규모가 있고 성장성이 있는 회사라면 연봉이 더 높아야 된다'고 주장했다. 대기업에서 받았던 연봉과 비교하니 턱없이 부족한 수준이라 이렇게 적은 연봉으로는 일할 수가 없다는 이야기였다.

나중에 최 부장이 담당 컨설턴트에게 이런 분위기에 대해 물어보니, 그날 참석한 구직자들이 대부분 회사에서 임원을 하다 나온 지가 얼마 안 돼서 그런 소리를 하는 것이라고 했다.

중장년 일자리 희망센터에 등록하고 나서 좋은 점 가운데 하나는 함께 교육받는 사람들끼리 자연스럽게 커뮤니티가 형성된다는 점이다. 지금의 처지는 끈 떨어진 연처럼 다니던 직장 동료들과 연락이 끊어지고, 학교 동창 전화도 받기 어렵고, 가족 앞에서조차 긴말 하기가 힘든 상황이다. 그러다 보니 서로의 입장을 가장 잘 이해해 주는 사람들이 오래된 친구 이상으로 든든하다. 이들은 가끔 교육이 끝난 후 따로 모여서 서로의 경험을 털어놓기도 한다.

"저는 구직 활동을 1년 넘게 했지요. 구직 활동 초기에 여기저기에 이력서를 내도 연락이 없더군요. 한번은 아는 사람이 어느 정도 보수를 주면 자기 회사에서 일하겠냐고 묻길래 나름 낮춰서 얘기했지요. 그랬더니 그 사람이 실소를 하며, '아직 현실을 모르는군요.'라고 하는 거예요. 얼마나 무안하던지…… 눈높이를 낮췄다고 생각했는데 아직 멀었다는 겁니다. 아무래도 예전에 받던 연봉이나 직급이 머릿속에 남아 있나 봅니다."

S기업에서 상무를 하고 나온 사람의 이야기다.

"솔직히 '나는 이 정도 대접은 받아야 된다.'고 생각하는데 시장에서 나를 평가할 때는 정말 상품 가치가 없는 사람이더군요. 기대 연봉을 한참 떨어뜨렸는데도 오라는 곳이 없습니다. 나이 많은 것이 가장 큰 결격 사유죠."

구직 활동 2년차 구직자가 말했다.

또 다른 구직자는 대기업의 마케팅 본부장을 했다고 한다.

"요새는 기업 환경이 바뀌어서 마케팅도 제가 현역일 때와는 많이 달라졌습니다. 저를 채용하더라도 새로 일을 배워야 하는데, 회사 입장에서 저 같은 늙다리를 쓰겠습니까? 연봉 조금만 줘도 열심히 할 빠릿빠릿하고 팔팔한 젊은 친구들이 수두룩한데……. 휴!"

최 부장은 구직 활동을 2년 정도 하면 저렇게 되는구나 싶다가도, 어떻게 하면 2년씩이나 지치지 않고 구직 활동을 할 수 있을까 싶기도 하여 마음이 심란해졌다.

"이력서를 수백 통 썼는데, 그 가운데 면접을 보러 오라는 회사는 겨우 열 개나 될까요? 어떤 곳에서는 전화 인터뷰를 하면서 나이를 묻더니 다짜고짜 전화를 끊어버리더군요."

"살면서 온갖 고생, 좌절 다 겪어 보았지만, 할 일이 없는 지금이 가장 힘든 시기입니다."

힘들게 운영하던 회사가 부도나서 구직 활동을 시작했다는 사람이 한숨을 토해냈다. 그는 할 일을 찾아 헤매다가 '베이비부머_{우리나라의 경우 1955~1963년에 출생한 세대} 일자리 박람회'에 갔다고 한다.

"박람회장에 '경비 및 주차요원 부문'이라는 게 있어 그쪽으로 가서 줄을 섰지요. 왜 언젠가 뉴스에서 기업 임원들도 아파트 경비원을 한다고 보도했잖아요. 이제는 체면이고 뭐고 다 집어던져야 할 때인 것 같아요. 그런데 담당자가 내 이력서와 얼굴을 번갈아 보더니, 왜 이런 데를 왔냐는 겁니다. 경력 때문에 팀장님이 부담스러워하겠다는 거죠. 나이가 많아서 안 되고, 경력이 너무 좋아서 안 되고……."

그는 급기야 분통을 터뜨리고 말았다.

다들 현실의 벽이 주는 불안감과 가족의 생계를 책임져야 하는 가장의 입장 때문에 놀고 있는 하루하루가 힘들다고들 한다.

"왜 사회가 이렇게 중장년층을 홀대하는지 모르겠습니다. 노마지지_{老馬之智}라는 말도 있잖습니까? 우리가 갖고 있는 전문 지식이나 경험이 아무 소용이 없는 것은 아니지 않습니까. 여기 와 있는 분들도 저마다 훌륭한 경력과 능력을 갖고 있는데 단지 나이가 많다는 이유만으로 합당한 대우를 받지 못한다는 게 너무 안타깝습니다. 그래도 포기는 하지 맙시다. 포기라는 말은 배추를 셀 때나 쓰는 말이잖아요."

최 부장은 진심을 담은 말로 모인 사람들을 위로했다.

구인 포털사이트에 게재된 채용 공고를 분석하면 40대 이상이 지원 가능한 구인 공고는 100개 중 두 개도 안 된다.

고령자들이 젊은 사람들보다 나은 점

중장년 일자리 희망센터에서 함께 교육을 받은 20명의 퇴직자들이 작은 모임을 만들었다. 모임 이름을 '두드림'으로 정하고 '밴드'라는 모바일 커뮤니티 활동도 시작했다. 밴드에 취업 정보도 알리고, 힘이 나는 격언이나 유머를 올리면서 서로를 격려하는 식이다.

하루는 취업 상담 전문가를 모시고 함께 술자리를 가지기로 했다. 밴드의 리더 격인 A씨가 말문을 열었다.

"왜 중장년층의 취업이 이토록 어렵습니까? 중장년층은 경험도 풍부하고 전문성도 있는데, 뭐가 문제입니까?"

"업무에 대한 경험이 많다고 하지만 그 회사를 벗어나면 쓰일 수 없는 것들이 대부분입니다. 사무직 관리자들의 경우 회사를 옮기면 관리 시스템이 달라지기 때문에 다 새로 배워야 합니다. 그런데 나이 든 분들은 내가 아는 것이 전부라 생각하고 더 배우려고 하지 않는 경우가 많아요. 또 컴퓨터나 IT 다루는 것도 서투르지요. 그뿐입니까? 임원직에 오래 있다 보니 아랫사람들에게 지시하는 태도가 몸에 배어 있어요. 물론 다 그런 것은 아니지만요."

좋은 약은 쓰다. 취업 상담 전문가는 구직자들의 표정을 살핀다.

"물론 나이 드신 분의 장점도 많아요. 나이 든 사람에 대해 편견을 갖고 있던 중소기업 사장님들이 중장년층을 한번 채용해 본 다음에는 생각을 바꿔서 더 적극적으로 채용하는 경우도 있었어요."

그는 예전의 경험들을 반추하면서 이야기를 이어갔다.

"나이가 들면 시력이 나빠지는 대신 심력이 좋아진다는 말이 있잖아요. 속도는 느려도 더 꼼꼼하다든지, 쉽게 그만두지 않는다든지 하는 장점도 많아요. 저희 센터를 이용하는 사람들 가운데 여행사를 하는 분이 있었는데, 처음에는 20~30대만 채용했어요. 그런데 알다시피 여행사가 이직이 잦은 직종이거든요. 박봉에다 일이 힘들기 때문이죠. 또 20~30대에는 결혼, 출산 등으로 인해서 직장생활을 지속하기가 힘들기도 하고요. 직원들이 자꾸 회사를 그만두니, 그다음에는 50대를 뽑아 쓰다가 나중에는 50대만 추천해 달라고 하더군요. 40대는 박봉으로 일을 시키기 미안한데, 50대는 임금에 대한 기대 수준도 어느 정도 맞고, 또 조직 생활도 잘하니까요. 물론 회사에 대한 충성심도 있지요."

"그런 사례가 더 많아지면 좋겠네요."

퇴직자들의 표정이 진지하다 못해 간절하기까지 하다.

중장년 인력을 채용해 본 경험이 있는 기업들은 대부분 채용에 대해 만족한다고 한다. 2012년, 노사발전재단에서 중소기업 153개 사를 대상으로 지난 3년간 중장년층 채용 경험에 대해 설문조사를 했더니 전체의 82.7%가 '만족한다', '보통 이상'이라고 답했다. 이들이 만족하는 요인 가운데 하나가 중장년층은 책임감이 있고 장기 근속이 가능하다는 점이다. 한국경영자총협회 2014년 신입사원 채용 실태 조사에 따르면 대졸 신입사원 네 명 가운데 한 명이 1년 내에 사표를 쓴다고 한다. 그러나 중장년 재취업자들은 뼈저린 구직 활동을 경험했기 때문에 일의 소중함을 알고 있다. 책임감, 성실함도 높은 편이다.

"문제는 사장이 젊은 경우 자기보다 나이 많은 사람은 쓰지 않으려고 한다는 겁니다."

평소 말이 없던 B씨가 입을 열자 다른 사람들도 일제히 고개를 끄덕였다.

"아무래도 일을 시키기가 힘들겠죠. 자기주장도 강할 테고. 그러니 나이 든 직원은 몸을 낮춰야 합니다. 중장년층 재취업에서 가장 중요한 것은 정보력과 적응력이라고 생각됩니다."

잠시 침묵이 흘렀다. 자신에게 정보력과 적응력이 어느 정도 있는지 생각해 보는 중일 것이다.

"제가 보니 겸손하고 유연한 분들이 취업이 잘 되고 취업한 후에도 회사를 잘 다니는 것 같더라고요."

취업 상담 전문가가 눈을 반짝이며 말했다.

"제가 아는 분 가운데 정말 잘된 경우가 있어요. 이분은 옛날에 상고를 나와서 중소기업에서 정년퇴직할 때까지 재무회계를 담당했지요. 그런데 퇴직 후에는 특성화고 학생들이 따는 세무회계 자격증을 땄답니다. 고등학생들이랑 같이 공부해서요. 평생 재무회계 업무를 했는데 자격증이 왜 필요하냐고 생각할 테지요. 그런데 이분은 '옛날에 배운 거랑은 많이 달라졌다. 그리고 나이 들어서는 임원으로 지내면서 지시만 했지, 실제로 장부를 작성하고 실무를 했던 것은 아니니까 새로 배워야 한다.'고 하더라고요. 겸손한 분이죠. 퇴직하고 2년이 지나 60세가 되던 해에 한 중소기업의 경리부장으로 취직을 했다고 연락이 왔어요. 연봉은 3천만~4천만 원선. 작은 회사라서 이름이 부장이지 경리, 회계 업무를 직접 해야 하고 다른 업무도 맡아 해야 하지만 워낙 자기를 낮추고 솔선수범하는 분이라 채용하신 사장님도 아주 만족해한답니다."

"그 얘기를 들으니 힘이 나네요. 그런 자세는 저희도 좀 배워야겠습니다."

"겸손하고 유연한 분들이 나이가 많아도 회사 생활을 잘할 수 있어요. 재취업이 제일 힘든 사람이 대기업 임원 출신이라고 하네요. 체면이 중요하고 대접을 받고 싶어 하니까요."

함께 있던 퇴직자들은 속으로 찔리는 바가 많다. 왜 아니랴. 이제껏 대기업 임원 출신임을 훈장처럼 내세우지 않았던가. 저마다 '나는 얼마나 겸손한 사람인지' 스스로 생각해 보았다. 그리고 마무리로 이렇게들 말하고 헤어졌다.

"우리 열심히 노력해서 여기서는 다시 만나지 맙시다."

자존심은 백해무익하다. 나를 낮추고 남을 높이는 자세를 취할 때 모든 것이 원만해진다.

스트레스 관리

중장년층 구직자들은 아내가 설거지를 하지 않고 그릇을 쌓아놓거나 아이들이 신발 정리를 제대로 하지 않는 것을 보고 집에서 노는 자신을 무시하는 처사로 여겨 괜히 큰소리를 치기도 하고 침울해하기도 합니다. 하지만 가족들은 가장을 무시하는 것이 아니라 무서워하고 불편해하는 것입니다.

구직 기간은 생각보다 길어질 수도 있습니다. 우울한 상태가 지속되면서 의욕 상실, 자신감 상실로 구직 활동을 지속하기가 힘듭니다. 그러니 되도록이면 희망적이고 긍정적인 자세로 생활하는 것이 필요합니다.

구직 활동도 일정에 따라 규칙적으로 하는 것이 바람직합니다. 구직 센터 방문, 온라인 지원서 등록, 구직 사이트 점검, 취업 박람회 참석 등을 주기적으로 실시함으로써 불필요한 조급증이나 불안감을 덜 수 있을 것입니다.

동호회 활동이나 취미 생활을 지속하는 것이 좋습니다. 자신이 좋아하는 일과 관련된 동호회, 카페 등을 통해 같은 고민을 하는 구직자들과 함께하는 것이 큰 힘이 될 수 있습니다. 소속감도 느끼고, 직간접적인 지식이나 정보를 습득하는 등 여러모로 도움이 되지요.

건강관리를 위해 규칙적인 운동을 하는 것도 잊지 말아야 합니다. 아직 담배를 끊지 않았다면 금연에 도전하도록 합시다. 담배는 구직의 천적이므로 꼭 끊어야 합니다. 술도 적당히 해야 합니다. 술로 스트레스를 풀려고 해서는 안 됩니다.

퇴직자들은 자격지심 때문에 사람들을 피하는 경향이 있습니다. 이는 절대 바람직하지 않습니다. 되도록 소속감을 가질 수 있는 활동을 해야 합니다.

프랑스의 미래학자 자크 아탈리는 "가난함이란 지금까지는 '갖지 못한 것'이었으나 가까운 장래에는 '소속되지 못한 것'을 의미할 것"이라고 말했습니다.

면접, 좋은 예감

다행히 최 부장의 재취업 도전은 길지 않았다. 중장년 일자리 희망 센터에서 그에게 적합한 일을 찾아냈기 때문이다. 농림축산식품부 에서 실시하는 농업 CEO MBA 교육 과정을 거쳐 농업 법인의 전 문 경영인이 되는 것이었다. 하지만 선발 과정이 까다롭고 경쟁도 치열했다. 최 부장은 마침 야간 대학원의 농식품 전문가 과정을 끝 낸 시점이어서 자격 조건에 부합했다. 이력서에는 그동안 식품 회 사에서 일하면서 쌓은 농산물 유통이나 마케팅 경력, 최근에 마친 농식품 전문가 과정에서 얻은 현장 지식을 내세워 자신이 그 자리 의 적격자임을 설득력 있게 썼다.

한 명을 뽑는 자리에 백 명이 넘는 사람들이 지원한 치열한 경쟁 이었지만, 다행히 1차 서류 전형을 통과했다. 면접장에 도착하니 그 말고도 비슷한 모습의 중년 구직자들이 대기하고 있는 것이 보였다. 차례가 되어 면접장으로 들어서자 면접관들이 한 줄로 앉아 있고 방 한가운데에 의자가 놓여 있었다. 그는 최대한 침착하게 자리에 착석했다.

퇴직 직후 아무런 준비 없이 면접에 임한 일들이 생각났다. 대학을 졸업하고 첫 직장에서의 면접 이후로 면접이란 것을 본 적이 없었다. 신입사원을 뽑기 위해 면접관으로 참석한 경험만 있으니, 도대체 어떻게 행동하고 말해야 하는지 요령부득이었다. 의자에 뻣뻣하게 앉아 있거나 아니면 등받이에 몸을 기댄 자세로 면접관들을 내려다보기도 했다.

자세나 태도의 문제가 아니었다. 사실 그는 속으로 "면접은 형식일 뿐이다. 능력 있는 나를 못 알아본다면 그거야말로 그쪽 손해"라는 어이없는 배짱을 갖고 있었다. 하지만 구직 활동에서는 형식도 몹시 중요하다. 비슷비슷한 구직자들이 경합하는 것이니 당연히 예의 바르고 적극적인 사람을 선호할 수밖에 없는 것이다.

그동안 몇 차례의 실전과 구직 센터에서 '재취업을 위한 면접 교육'을 받으면서 자기 자신에 대해서 최선을 다해 알리는 일이 얼마나 중요한지 깨달았다. 그는 면접에서부터 겸손하면서도 자신감 있는 모습을 보여주고자 했다.

다행히 최 부장이 잘 아는 농산물 유통에 관한 질문이 면접 시간 대부분을 차지했다. 그는 이전 직장에서 있었던 관련 사례를 들고, 또 농가의 현실에 맞춘 해법을 자기 나름대로 피력하였다. 경험과 전문 지식을 겸비하고 있다는 인상을 주기 위해 노력했다. 최 부장의 진심이 전달되었는지 면접장 분위기도 좋았다. 예전에 면접을 하러 갔을 때에는 면접관들이 그의 경력에서 허점을 찾아내기 위한 질문을 많이 던졌지만 이번에는 그런 질문은 없었고, 대체로 분위기가 호의적인 것을 느낄 수 있었다.

농업 CEO MBA 과정을 이수하면 지역 농수산물·축산·식품 관련 유통회사나 농업 법인에서 전문 농업 CEO로 일한다. 최 부장은 김치를 생산해 일본으로 수출하는 지역 농수산물 유통회사를 운영하는 일을 맡았다. 면접에서 채용, 교육 과정 이수에서 CEO 직책을 맡기까지의 시간은 빠르게 흘러갔다. 퇴직의 쓰라린 경험이 새로운 일을 찾는 기쁨으로 바뀌는 값진 경험을 하는 사이 그는 어느새 50대에 들어서게 됐다.

오랜만에 김장수 씨와 최 부장은 재취업을 축하하는 자리를 가졌다. 최 부장은 소주잔을 기울이며 그동안의 어려움을 웃으면서 털어놓았다.

"이번에 들어가게 된 직장은 규모는 작지만 그래도 경영자 입장이라 제가 할 일에 기대가 큽니다. 저번 직장에서보다 재량권이 더 크니까요."

"저번 회사에서 임원 승진을 앞두고 퇴직하는 바람에 많이 섭섭했을 텐데 어쨌든 사장이 됐으니 소원 풀었겠네요. 하하! 회사 규모가 작아 연봉은 줄겠지만 그보다는 전문성을 쌓을 수 있고, 발전할 수 있는 자리인 게 중요하지요. 무엇보다 자기가 보람을 갖고 즐겁게 일할 수 있는 게 좋지요."

김장수 씨는 진심으로 축하해 주었다. 왜 안 그렇겠는가. 졸지에 김치 공장 사장님을 알게 됐으니 나중에 김치 한 포기쯤은 얻어먹을 수도 있을 것이다.

"이번 회사의 주요 사업이 김치를 일본으로 수출하는 일이에요. 김치 만드는 일은 지난번 직장에서도 생산 관리를 맡아 잘 알지만 이번에는 전량을 일본에 수출하는 것이라 생산이나 판매가 새로운 관점에서 이루어져야 할 것 같아요. 취임하고 첫 주에는 일본의 김치 소비 시장과 타깃을 조사했어요. 다음 달에는 일본 출장도 잡혀 있고……."

"저는 제조업에 대해 잘 모르지만, 그래도 바로 적합한 자리를 찾게 돼서 다행입니다."

"담당 컨설턴트도 그러더군요. 제가 농식품 전문가 과정을 다닌 게 가장 큰 경쟁력이었다고요. 공백이 있으면 재취업이 어려워지는데 저는 공백 없이 그대로 일을 할 수 있게 된 셈입니다. 이게 다 소장님 덕입니다. 하하하!"

"정말 다행입니다. 보통 퇴직을 하면 좀 쉬어야겠다고 생각합니다. 1, 2년 쉬다 보면 다시 일하고 싶은 생각이 드는데, 그때 일을 찾으면 공백 때문에 일자리를 찾는 것이 쉽지 않죠. 그래서 공백 없이 일을 하려면 퇴직 전에 준비를 하는 것이 필요합니다."

"퇴근 후 2시간이죠!"

최 부장이 복창하고는 재취업에 대한 소회를 밝혔다.

"이번에 구직 활동을 하면서 느낀 점이 많습니다. 저희가 대학을 나와 기업에 들어갈 때에는 문이 넓고 열려 있었죠. 그러니 나를 어떻게 포장하고 홍보해야 하는지도 몰랐고, 그럴 필요성도 못 느꼈는데, 요새와 같이 재취업이 어려운 때에는 가만히 있으면 절대 내 일을 찾지 못한다는 점을 크게 깨달았습니다. 일이 나에게 오지 않습니다. 내가 찾아 나서야지요. 가장 중요한 건 내 일을 찾기까지는 끈기와 희망을 잃지 말아야 한다는 것이고요."

당신이 퇴직을 준비하고 있다면

알짜배기 정보를 찾아라

중장년 취업과 연계된 교육 및 지원 정보

• 중장년취업아카데미 : 대학이나 연구소 등 각 기관이 한국산업인력공단의 위탁을 받아 중장년 인력을 활용하는 전문가 과정을 운영하고 있다. 예를 들어 한국경력개발진흥원에서는 커리어 컨설턴트 양성 과정을 운영하고, 중앙대학교에서는 평생교육 HRD 컨설턴트 과정을 운영하고 있다.

• 창조아카데미 : 산업체 현장 수요를 바탕으로 한 교육대상자별 특성화된 맞춤교육 프로그램을 개발 및 운영하고 있다. 예를 들어 서울시가 삼육보건대학교와 연계해 글로벌 의료 창조 인재양성 과정을 운영하고 있다. 취업 연계 과정이며, 교육비는 없다.

• 서울인생이모작센터 : 은퇴 후 인생 설계, 사회 공헌, 재능 나눔, 창업, 재취업 등을 종합적으로 다루고 있다. 재무, 여가, 건강관리 등 기본 프로그램을 4주(32시간)에 걸쳐 운영하며 이후 개인별 맞춤 심화 프로그램을 진행한다. 취업 알선 전담팀에서는 구인 기업을 발굴하고 매칭 지원 서비스를 제공한다.

• 대한상공회의소 : 인력개발사업단 기업인력팀에서 만 50세 이상 장년을 인턴으

로 채용하는 중견인력 재취업 지원 사업을 실시하고 있다. 베이비붐 세대의 구인 구직 지원 사업으로 장년 인턴을 채용하는 기업에 대해서는 인턴 기간 최대 4개월 동안 인건비의 50%(월 80만 원 한도)를 지원하고, 인턴 기간 만료 후 정규직으로 전환하면 월 65만 원을 6개월까지 추가 지원(2014년 기준)한다.

구직 활동 삼종 세트

- 효과적인 이력서 작성법 : 회사의 구인 조건이나 요구 사항에 적합하도록 이력서를 작성하며, 회사의 인재상에 자신이 어떤 부분에서 적합한지 기록한다. 분야와 맡았던 업무, 회사명, 위치, 근무 기간 등에 대해 분류하여 기술하고, 만약 지원 업무와 직접 관련된 경력이 없다면 업무와 연관이 있을 다른 수강 경험이나 팀 프로젝트, 혹은 사내 활동을 강조한다. 마지막으로, 자신이 이뤄냈던 성취와 결과에 대해 강조한다. 현재 지원한 분야의 일과 연관시켜 기술하면 좀 더 긍정적인 평가를 얻을 수 있다.

- 구직 사이트 활용하기 : 재취업에 필요한 것은 정보력과 희망적인 마음가짐이다. 정보는 우선 인터넷 검색부터 시작한다. 잡코리아, 사람인, 워크넷, 리크루트 등 구인 구직 사이트에 들어가면 수만 개의 일자리가 올라와 있다. 구직 사이트를 통해 취업 정보를 얻는 경우 매일 또는 이틀에 한 번씩 규칙적으로 사이트에 들어가 보아야 한다. 또 일자리 희망센터(구직 센터)에 주 1회 방문하여 오프라인 정보도 확인한다.
이력서를 들고 발로 뛰는 방법도 있다. 전화나 이메일 지원만으로는 본인 능력을 검증받을 기회조차 얻기 어렵다. 직접 방문해 인사 담당자에게 이력서를 제출하는 등 적극성과 열정을 보인다. 단, 열정이 과해 사람들을 피곤하게 쫓아다닌다는 인상을 남겨서는 안 된다.

헤드헌팅 업체를 이용하는 것도 방법이다. 서치펌 등에 자신의 이력서를 등록한다. 기업들이 핵심 인력을 충원할 경우에는 공개 채용 사이트보다는 헤드헌팅 업체를 통해 조용히 진행하는 편이기 때문에 경력이 뛰어나거나 핵심 기술을 갖고 있는 경우라면 이러한 전문 기관을 이용하는 것도 좋다.

- 채용 박람회 활용하기 : 구직 센터나 전직 지원 센터를 정기적으로 방문하고 필요한 교육을 찾아서 들어야 한다. 채용 박람회 참석도 구직 활동의 하나다. 채용 박람회장에 가면 그곳의 열기 때문에 구직 활동에 탄력을 받게 된다. 또 구직자가 기업의 인사 담당자를 직접 만날 수 있는 흔치 않는 자리이기도 하다. 채용 박람회에서도 역시 적극적인 자세가 필요하다. 자신에게 맞는 일자리가 없다고 실망하고 그냥 돌아선다면 아까운 기회를 놓치는 것이다.

일의 의미

사회에는 갈수록 일자리가 줄어들고 있다. 인간 대신 일할 수 있는 컴퓨터, 생산 라인의 근로자를 대신하는 로봇이 등장했기 때문이다. 일자리는 점점 줄어가는데 사람들은 수명의 연장으로 더욱 일자리를 필요로 한다.

우리 사회는 일을 지향하는 사회다. 과거에는 일하지 않고 살 수 있는 사람들이 특권층이었고 부러움의 대상이었지만 지금의 사회에서는 일하지 않고 노는 사람은 사회적으로 대접을 받지 못한다. 아니, 할 일이 없다는 것은 본인에게 가장 큰 고통이다.

직업을 갖는다는 것은 단지 물질적 욕구를 충족시키는 것 이상을 의미한다. 일은 규율, 소속감, 규칙성, 자기 효능 같은 다양한 심리적·사회적 욕구를 만족시킨다. 일은 우리의 시간을 조직하고 우리의 삶에 리듬을 준다. 가장 중요한 것은 일이 우리에게 매일매일 무엇을 해야 하는지 알려준다는 점이다.

김장수 씨는 최근에 흥미로운 책 한 권을 읽었다. 일본의 할아버지 한 분이 100세가 되도록 현장에서 일을 하고 있다는 내용의 책이다. 이 할아버지는 매일 아침 지하철을 타고 사무실에 출근한다. 이 이야기를 전해 들은 사람들의 반응은 '회사를 경영하나?' 또는 '100세까지 일하게 해주는 직장이 어디지?'라며 궁금해한다. 아무리 일할 능력이 있고 일하고 싶다고 해도 50대만 되어도 받아주는 회사가 없는 우리나라의 현실에서 이 할아버지의 이야기는 정말 동화 같은 이야기가 아닐 수 없다.

물론 이 할아버지후쿠타로 씨가 회사의 경영자이거나 전문직에 종사하는 것은 아니다. 젊은 시절 증권회사 이사를 지냈지만 현재 그가 다니는 회사는 친구의 부인이 운영하는 도쿄 복권상회로, 복권을 위탁 판매하는 회사다. 증권회사에서 은퇴한 뒤 한 10년은 부인과 해외여행을 하면서 은퇴 생활을 즐기다가 친구의 요청으로 이 회사에서 다시 일하기 시작한 지 벌써 30년째라고 한다. 집에서 시내에 있는 사무실까지 출근하는 데 걸리는 시간은 1시간. 만원 전차를 두 번 갈아타고 가야 하는 코스다. 그가 하는 일은 복권을 열 장씩 한 세트로 정리하는 분류 작업이다. 오전 9시에서 오후 2시까지 작업을 한다. 조그만 사무실에서 함께 일하는 사람들은 몇 명 되지 않는데, 모두 60대와 40대다. 수작업이나 몸으로 하는 일은 90세가 될 때까지만 해도 젊은 사람보다 그가 더 빨랐다고 한다.

대단한 일처럼 보이지 않을지라도 그 일을 30년간 함으로써 그에게는 그 일이 대단한 일이 돼버렸다. 중요한 점은 그 일 자체가 아니라 내가 어떠한 마음으로 그 일을 하며, 내가 '그 일을 위해 얼마나 헌신했느냐'라고 말한다.

그는 '왜 100세가 되어서도 일을 하는가?'라는 물음에 '삶에 대한 본능 때문에 일을 한다.'고 대답했다. 일하는 것도 본능이다. 동물들은 죽을 때까지 먹이를 구한다. 먹이를 구하지 못하게 된 순간, 동물은 무리에서 도태되거나 사라질 수밖에 없다.

최 부장은 구직 활동을 하며 사람들은 왜 결핍된 것을 더욱 열망할 수밖에 없는지 생각했다. 김장수 씨와도 이 문제를 두고 여러 번 이야기를 나눴다. 가장 대표적인 것이 '일'이다.

청년 실업, 고령자 실업, 여성 경력 단절 문제······. 일자리는 부족한데 사람들은 더욱 강하게 '일'을 원한다. 일은 우리의 사회적 지위를 정해줄 뿐 아니라 다른 사람과의 관계까지도 결정한다. 어떤 사람들은 상대방의 직업이 무엇인지 알기 전까지 그 사람에게 말을 걸지 않는다. 상대방의 직업을 알고 나서야 관계를 지속할지, 그만둘지를 결정하는 것이다.

이 때문에 사람들은 자신의 교육 수준이나 인격에 걸맞은 훌륭한 직업을 갖고자 노력한다. 그러나 대부분의 경우 노력이나 열망에 미치지 못하는 일자리로 낙착이 된다. 명문대 졸업생이 9급 공무원으로 일하거나, 박사 학위를 준비하면서 식당에서 서빙을 하는 사람도 있다. 50대 은행 지점장, 회사 중역을 지낸 사람들이 시설 관리인이 되고 유치원 버스 기사나 건설 현장 십장이 되기도 한다. 은퇴자들은 몇 년 여가 생활을 즐기다가 결국 일자리를 찾아 나선다. 일 없이는 휴식도 즐거움이 되지 못한다. 급여도 중요하지 않으며, 사회적 위상도 고려하지 않는다. 오직 매일 출근할 수 있는 자리만을 찾게 된다.

일은 중요하다. 따라서 일을 하되 일을 자신의 자아와 일치시키지 않는다면, 즉 하찮은 일을 한다고 해서 내가 하찮은 사람이 아니라는 믿음만 있다면 견딜 만할 것이다.

이때는 일 대신 자아를 표현하고 충족시킬 수 있는 다른 수단을 찾아야 할 것이다. 더 이상 변호사, 의사, 펀드매니저라는 멋진 직업이 선망의 대상이 아니다. 낮에는 공공도서관에서 사서로 일하고 저녁에는 오페라를 감상하거나, 주중에는 제복을 입고 일을 하다가 주말에 자신의 농장에서 야채를 가꾸는 삶의 방식이 선망의 대상이 되는 것이다.

하찮은 일을 한다고 내가 하찮은 사람인 것은 아니다. 예수의 직업도 목수였지 않은가.

당신이 퇴직을 준비하고 있다면

나이 들어서도 일을 계속하면 좋은 점 10가지

1. 돈 걱정에서 헤어날 수 있다. 큰돈을 벌지 못하더라도, 최소한 돈 쓸 시간은 줄일 수 있다.

2. 아침에 가족들에게 당당히 '일하러 나간다.'고 말할 수 있다. 일을 하러 나갈 때마다 가족으로부터 존경을 받는다.

3. 새로운 사람을 만날 수 있다. 나이가 들수록 알고 지내는 사람의 숫자가 줄어드는데, 일을 하게 되면 그 리스트에 새로운 이름을 올릴 수 있다.

4. 계속 성장해 나갈 수 있다. 세상의 변화에 뒤처지지 않는다.

5. 치매를 막을 수 있다. 정신적 노화를 저지할 수 있다.

6. 젊어 보인다. 규칙적인 생활을 하다 보면 생기가 넘치고 그만큼 젊어 보인다. '뒷방 늙은이'라는 표현도 있듯이, 사람들은 사회와 연결되지 않을 때 더 빨리 쇠퇴한다.

7. 지나간 이야기 대신 현재에 대한 이야기를 한다. 경험이 풍부한 사람들의 이야기는 누구나 즐겁게 경청한다.

8. 젊은 사람들을 더 잘 이해할 수 있게 된다. 과거와 현재의 작업 환경과 작업 방식은 천양지차. 새로운 환경에서 일을 하다 보면 젊은 사람들의 생각이나 생활방식에 대해 공감할 수 있다.

9. 자녀들에게 용돈을 줄 수 있다.

10. 자녀들로부터 손주 봐달라는 부탁을 안 받게 된다.

자격증보다는 경력

김장수 씨의 대학 동기인 최재수 씨에게서 전화가 왔다. 이 친구는 젊을 적에 필름 인화 사업으로 꽤 잘나갔던 친구다. 10년 전만 해도 사진 인화로 돈을 잘 벌 수 있었다. 그러다 디지털 카메라, 휴대 전화 카메라가 생기고, 집에서 현상을 하게 되니 사진관이 사양산업이 되어서 사업을 접었다. 그래도 아버지가 남긴 땅이 있어서 이를 정리해서 한동안 재미있게 사는 것 같았다. 대학이나 구청에서 하는 평생교육원에 가서 그림과 사교춤을 배운다고 했다.

그에게서 오랜만에 전화가 왔길래 김장수 씨는 반가운 마음에 "그래! 요새도 그림 그려? 등산도 다니고 춤도 춘다고 했지?"라고 물었다. 그런데 대답이 뜻밖이다. 뒤늦게 마냥 놀면 안 되겠다 싶어 70세까지 할 수 있는 일을 생각하다가 포클레인 중장비 기술을 배웠다고 했다. 포클레인 기사가 월평균 300만 원을 번다고 하니 도전해 볼 만하다고 여겨 6개월 학원을 다녀서 자격증을 취득했단다. 그런데 막상 취업을 하려고 하니 '경력이 없어서, 나이가 많아서' 써주지 않는다고 한다. 경력 쌓을 데가 있으면 소개해 달라고 한다. 가만히 생각하면 포클레인 장비가 고가인데 누가 그 장비를 이제 갓 자격증을 딴 신참에게 맡기겠는가? 면허증을 따는 데 몇백만 원 들었지만 쓸데가 없는 것이다.

자격증은 중요하다. 하지만 무조건 자격증만 따놓고 보면 '장롱 자격증'이 되는 경우가 많다. 우리 사회에서는 자격증보다 경력이 우선이다. 자격증은 살아가는 데 있어서 알파가 될 뿐이다.

김장수 씨는 처음부터 냉정하게 자기 자신에게 물어봐야 한다고 생각했다. 내 직장이 평생직장인가? 55세에 정년퇴직하는 직장인가? 내 기술로 살 수 있다면 문제가 없지만 55세나 60세에 정년퇴직을 한다면 그 후 20년을 할 수 있는 일을 찾아야 한다. 내가 좋아하는 것이 무엇인가 생각하고 10년 전부터 준비해야 한다. 포클레인 기사를 하고 싶다면 늦어도 40대 후반에 자격증을 취득하고 그 분야의 사람들과 관계를 형성해야 한다. 나의 실력을 키우고 경력을 쌓으며 그 분야에 있는 사람과 신뢰를 구축해야 누군가가 일을 맡길 것이다. 당장은 돈 안 되는 일도 해야만 한다.

돈 생각을 떠나서 꾸준히 실습과 경력을 쌓는다면 정년을 하고도 능력을 인정받아 그 일을 계속할 수 있을 것이다.

김장수 씨도 처음에 강의를 시작할 때 공짜 강의를 많이 했다. 의

경들에게 리더십 교육도 자처해서 했다. 지금은 제법 자리를 잡아 가만히 있어도 연락이 오지만, 인기 강사가 되기까지 앞으로도 많은 연습과 과정이 필요할 것이다.

최재수 씨도 그렇게 비관적이지만은 않다. 늦게라도 시작했고, 지금 이런 시행착오와 고민을 하고 있으니 10년 후에는 자격증을 잘 쓰고 있을 것이다. 아무튼 퇴직하고 나이 들어서 시작하면 모든 것이 어렵다. 퇴근하고 2시간을 알차게 투자했더라면 이런 시간을 보다 단축할 수 있었을 것이다.

자격증은 단시간에 취득할 수 있지만 경력을 쌓는 데는 시간이 걸린다.

전문가가 되어야 한다

연령 차별을 극복하기 위해서는 나이만큼 쌓인 연륜, 즉 풍부한 전문성을 보여야 한다. 현장에서 쌓은 전문성도 중요하지만, 현장이 바뀌어도 적용할 수 있는 범용성이 있는 전문성을 기르는 것이 필요하다.

세계적인 지휘자인 정명훈 씨가 도쿄 필하모닉 오케스트라를 처음 지휘하고 나서 전 단원들에게 삽을 선물했다고 한다. 그것을 받은 단원들은 처음에 삽을 받아들고 어리둥절했지만 곧 그 이유를 알고 고개를 끄덕였다고 한다.

'그래! 우리 음악의 깊이가 아직은 낮으니 더 깊게 연주를 하라는 뜻이구나. 이제까지의 잘못된 습관은 삽으로 모두 끊어버리고 다시 시작하자는 단장의 뜻이리라.'

상대방을 우회적으로 격려하며 더 큰 깨달음을 얻게 한 정명훈 씨의 지혜도 훌륭하고 이를 깨달은 단원들도 훌륭하다. 요새는 한 우물을 파지 말고 여러 우물을 파라는 말을 듣는데, 그 말은 얄팍한 구덩이를 여러 개 파라는 얘기가 아니다. 시원한 물을 길어 올릴 수 있는 깊은 우물을 여러 개 파야 하니, 예전에 비해 더 많은 노력이 필요하다는 의미로 이해하면 된다.

옷은 새 옷이 좋고, 사람은 옛 사람이 좋다고 했던가. 김장수 씨는 오랜만에 고교 동창으로부터 연락을 받고 이 속담이 생각났다. 고등학교 때 전교 1등만 하던 친구였다. 명문대를 나와서 은행에 취직한 뒤로 자주 보지는 못했지만 그래도 고등학교 시절에 함께 장난치던 기억이 생생했다.

다니던 은행이 경영 악화로 고액 연봉자들을 구조조정해야 할 형편이었다고 한다. 그는 30년간 은행원으로 일하다 정년을 얼마 안 남기고 회사를 떠났다. 처음에는 여행도 다니면서 가벼운 마음으로 퇴직 후 생활을 즐길 생각이었다. 하지만 남은 인생이 긴데 마음이 편할 리가 없다. 우연히 자전거 수리소에 갔다가 60대인 가게 주인을 보면서 느끼는 바가 있었다. 마침 가게에는 가게 주인의 친구들이 모여 있었는데, 친구들은 모두 놀고 자전거 가게 주인만 돈벌이를 한단다. '친구 중에서 막걸리라도 사는 사람은 이 친구뿐'이라는 얘기를 들으면서 나이 들어서도 계속 일하려면 기술을 익혀야겠다는 생각이 들었다고 한다.

친구는 마침 서울시에서 무상으로 기술 교육을 해준다는 이야기를 듣고 서울종합직업학교 보일러과에 지원했다. 야간 과정으로 오후 6시부터 9시 반까지 매일 6개월을 공부했다. 낯선 분야라서 용어 외우기도 어려운데 실습은 더욱 어려웠다. 다른 사람들은 경험이 있기 때문인지 척척 해나가는데 혼자서 쩔쩔매고 있으려니 자존심이 상할 때도 많았다. 그럴수록 독하게 매달렸다.

그는 열심히 공부한 덕에 보일러 기능사 자격증을 취득했고, 이후 2년 동안 공조냉동 기능사, 에너지 관리기사, 전기 기능사 자격증까지 모두 땄다. 한 번도 접해 보지 않은 것들을 배우느라 몸도 머리도 피곤했지만, 나이 들어서 우두커니 방 안에 앉아 있을 자신의 모습을 생각하니, 포기할 수가 없었다. 수업이 끝난 후에도 실습실에 혼자 남아서 용접하고, 전기 배선을 만졌다. 1년에 한 번 시험 보는 에너지 관리기사는 그해 전국에서 네 명이 합격했는데 그 가운데 이름을 올렸다. 교육을 받는 동안은 하루도 빠지지 않고 수업에 참석했고, 주말이면 도서관에서 살다시피 했다. 친구들이 주말이면 골프다, 등산이다, 낚시다 하며 같이 가자고 유혹해도 모두 거절했다. 제2의 인생을 준비하는 일이 시급했다.

2년이 걸리지 않는 기간 동안 네 개의 자격증을 따고 나니 자신감이 생겼고, 이력서도 그럴듯하게 쓸 수 있었다. 무엇보다 과거에 대한 생각을 다 버렸다. 은행 지점장이었고, 정재계의 알 만한 사람들과 어울리며 지냈던 과거에 대해서도 연연하지 않았다. 자존심, 편안한 노후보다 일을 하면서 살아야겠다는 의지가 더 강했기 때문이다. 예전에 노무사 자격증을 따려다가 포기했던 김장수 씨이기에 친구의 이야기에 더 크게 감동했다.

"평생 책상물림이 기계 만지고 몸으로 일하는 것이 쉽지는 않을 텐데……."

"처음에는 힘들었지. 하지만 외국에서는 전문직에서 은퇴한 고령자들이 기술학교에서 용접을 배우고 자동차 정비 기술을 익히는 일이 흔하다고 하더라고. 텔레비전에서 보니까, 캐나다의 한 내과 의사가 은퇴 후 용접을 배우지 않겠어? 용접을 배우는 이유로 '평생 머리 쓰고 살았으니 이제는 몸을 쓰면서 일을 하고 싶다.'라고 말하더군. 그 사람들은 그렇게 사는데 우리라고 그러지 말란 이유가 있겠어?"

"우리가 몸을 써서 일하는 것에 대한 천대 의식이 강하기 때문인가, 다들 꺼리는데 용하다, 용해!"

김장수 씨는 친구의 용기에 박수를 보냈다.

"몸을 써서 일해 보니까 특별한 즐거움이 있어. 나이 들수록 몸을 더 많이 써야 건강에도 도움이 되지. 요새는 기계와 장비가 좋아서 50대, 60대도 충분히 할 수 있는 데다 섬세하고 꼼꼼한 성격이면 기술이 빨리 늘더라고."

자격증으로 무장을 했다고 해서 재취업의 길이 활짝 열린 것은 아니었다. 수십 군데에 이력서를 냈지만 나이 때문에 번번이 거절당했다. 그러다 보니 자연스레 '우리나라 정년은 40대'라는 생각이 들었다. '나이 제한 없음'이란 공고는 사실은 '40대까지 연령 제한'이라는 말이다.

그래도 우울한 마음을 다독이면서 매일 고용노동부와 구인 사이트의 채용 공고를 살피고 취업 박람회에 참석하던 중 어느 기업의 시설과에서 직원을 모집한다는 공고를 보고 곧바로 이력서를 제출했다. 그동안 취득한 자격증으로 시험에 응시하여 결국 경쟁자들을 물리치고 합격할 수 있었다.

"너도 참 고생 많이 했구나."

오랜만에 만나 그동안의 고군분투를 쏟아놓다가, 두 사람은 소주잔을 물끄러미 바라보았다. 직장을 다닐 때에는 술은 생존을 위한 동아줄이었다. 정신 잃을 때까지 마시고 나면 상대와 친해진다고 굳게 믿었다. 하지만 술을 마신다고, 아무리 친해졌다고 해도 절대 약한 모습을 보이지 않았다. 남자는 약한 모습을 보이면 안 된다고 생각했다. 하지만 이제는 강한 척, 잘난 척하지 않아도 된다. 현실은 쓰지만 그래도 이렇게 단맛도 나는 것이 인생이다.

세상은 빠르게 변하는데 '내가 최고'라는 마음가짐을 고수한다면 취업은 정말 험난한 여정이 된다.

당신이 퇴직을 준비하고 있다면

재취업할 때 기억해야 하는 10가지

1. 과거의 지위나 연봉을 모두 잊어라.

2. 희망을 갖고 될 때까지 계속해서 노력하라. 대부분의 재취업 도전자들은 이력서 제출, 면접에서의 낙방이 100회 이상 계속되었다고 한다. 인디언처럼 비 올 때까지 기우제를 지내면 언젠가는 비가 내린다.

3. 'CEO로 모시겠다.'는 자리는 무조건 의심하라. 대개 투자 유치를 위해 CEO라는 감투를 내미는 것이다.

4. 자격증을 따라. 젊었을 때는 필요 없던 자격증도 늙으면 쓰일 때가 있다.

5. 구직 센터, 취업 알선 기관을 적극 활용하라. 이런 기관들은 컴퓨터와 사무기기 등을 비치해 놓기 때문에 시간을 보내기에 편리하고, 재취업 교육을 받으면서 같은 입장의 퇴직자들을 만나 유대감을 쌓고 정보를 공유할 수도 있다.

6. 주변 사람들에게 구직 사실을 알리고 적극적으로 도움을 구하라. 재취업의 경우 지인을 통한 구직 활동이 취업 성공의 70%를 차지한다. 기업의 입장에서도 공개 구인보다는 소개로 사람을 찾는 경우가 허다하다. 그런 통로로 찾지 못할 때에야 헤드헌팅 업체나 구인 사이트에 공고를 낸다는 점을 알아야 한다.

7. 재취업 활동이 길어질 때에는 단순 노무직이라도 단기간 아르바이트를 해보는 것이 좋다. 적은 돈이라도 벌고 복잡하고 부정적인 생각을 잠깐 미뤄둘 수 있다. 낮에는 구직 활동을 하고 밤에는 야간 경비원으로 일하다가 재취업에 성공한 사례도 있다.

8. 다급한 마음에 아무 데나 취직하고 보자는 마음은 금물이다. 결국 오래 버티지 못하고 나와야 하므로 시간 낭비이며 주변에 괜한 부담만 주게 된다. 힘들어도 반드시 자신에게 맞는 일이 있다는 사실을 기억하라.

9. 많이 벌어 많이 쓰던 시절은 끝났으니 적은 돈으로 잘 살아가는 방법을 찾아야 한다.

10. 절대 집에서 '삼식이'는 되지 말아야 한다. 재취업을 준비하는 과정은 길어질 수 있으며 심리적으로 어려운 일이므로 가족에게 영향을 줄 수밖에 없다. 먼저 가족에게 상황을 솔직하게 설명해야 한다. 어려운 시기일수록 가족의 위로와 도움이 절실하다. 그리고 가족들도 힘들어하니, 하루에 몇 시간이라도 외출함으로써 하루 종일 얼굴을 마주 보는 부담을 덜어주는 것이 좋다.

체면을 버려라

김장수 씨가 은퇴하고 다시 만나게 된 사람 중에 이재민 역전 파출소장이 있다. 이재민 소장은 정년을 앞두고 고민이 많았다고 한다. 현직에 있을 때는 '정년퇴직하면 우리 사무실에 나와서 같이 근무하고 사업도 같이 하자.'는 사람이 많았는데, 막상 정년퇴직을 하고 나니 언제 그랬냐는 듯 아무도 찾지 않았다. 그 사람들은 다 어디를 갔는지, 한숨만 나왔다. 현직에 있을 때는 사람들도 찾아오고 밥도 사고 하지만 퇴직한 경찰, 이빨 빠진 호랑이를 누가 만나주겠는가?

퇴직하고 몇 달 놀다 보니 별의별 생각이 다 들었다. 이렇게 살다가 죽는 것이 아닌가 싶은 생각에 어깨가 축 처졌다. 남은 인생을 이렇게 한숨만 쉬며 보낼 수는 없다고 생각도 했지만 막상 할 일이 없었다. 그러다 시청에서 주차단속 요원 모집이 있어 지원했다. 한 달에 100만 원 정도 준다고 해서 가보니, 지원자들 가운데 중령, 교장 선생님 등 그보다 더 화려한 경력을 가진 사람이 수두룩하다. 잘 나가던 사람들이 이렇게 많았다니!

그는 심기일전하여 더 정성껏 경력 증명서를 쓰고 면접을 본 뒤 결국 그 자리에 취업이 되었다. 취직하니까 시간도 잘 가고 사람을 만날 일도 생긴다. 어려움이 있다면 불법 주차한 차량을 단속하면 차 주인이 나타나서 욕을 하는 것이다. 세상에 그런 심한 욕이 있을까 싶은, 세상에 태어나서 처음 들어보는 온갖 종류의 욕이다.

"자식 같은 놈들이 그래! 근데 뭐, 욕도 많이 먹으면 오래 살고 부자 된다니까 괜찮아."

스스로 위안하면서 하는 말이 더 걸작이다.

"네가 아무리 욕해도 퇴직해서 만날 노는 나를 보고 우리 마누라가 욕하는 거에 비하면 아무것도 아니다."

입관은 나이순

농업 CEO로 자리를 잡은 최 부장, 아니 최 사장이 지방에서 지내다가 오랜만에 서울에 왔다. 동네에서 편하게 만난 두 사람은 새로운 환경에서 겪은 일들을 이야기하느라 바쁘다. 김장수 씨는 몇 번방송에 나가 인기를 타면서 강의가 계속 들어오고 있다는 얘기를한다.

최 부장은 새 직장에서의 인간관계에 대해 고민을 털어놓았다.

"원래 있던 조직에 제가 CEO로 들어가니, 굴러들어온 돌 취급을 받기도 하고, 저보다 나이가 많은 직원도 있고 해서, 부하 직원다루는 것이 쉬운 게 아닙니다."

"저도 조직에 있어봤지만, 새로운 조직에 들어가서 융화하는 게쉬운 일이 아니죠. 더군다나 조직이 작을수록 배타성이 강하기도하고요. 추진하는 사업도 중요하지만 부하 직원들을 잘 끌어안는

게 우선인 것 같군요."

"저도 이런 경험이 처음이다 보니 쉽지가 않습니다."

"재취업 후 적응 과정이라고 생각하세요. 어렵게 재취업을 했는데 몇 달 일하지 못하고 자의 반 타의 반으로 다시 그 회사를 나와야 하는 경우도 적지 않더군요. 대체로 대기업에서 중소기업으로 자리를 옮겼을 때 그런 일이 많던데요. 중소기업이라고 만만하게 생각했다가 오히려 내몰리는 경우지요. 중소기업은 나름 텃새가 있게 마련입니다. 이런 분위기를 모르고 대기업 출신이라고 우월감을 갖고 행동한다면 사람들로부터 거부당하기 십상입니다. 그 기업의 분위기와 문화를 먼저 알아두는 것이 필요합니다. 또 어차피 중소기업에서 일하기로 했다면 그곳의 문화와 분위기에 적응하는 것도 필요하고요."

"소장님은 대기업에서 일하신 경험도 없는데 분위기를 잘 아시네요."

최 부장이 감탄한다.

"하하, 제가 잘난 체를 했네요. 경찰도 일종의 거대 조직이니까, 대기업이랑 비슷할 거라고 생각했습니다. 그리고 요즘은 강의하면서 사람들을 많이 만나다 보니까, 이런저런 얘기들을 자주 듣게 되네요."

김장수 씨가 강의를 하면서 깨닫게 된 점은 공감의 중요성이다. 상대방에게 가장 절실한 이야기를 할 때 청중은 귀를 기울인다. 내가 잘나서 내 말을 듣는 게 아니라, 그 사람들에게 필요한 이야기를 하니까 듣는 것이다. 인간관계도 마찬가지다. 눈높이를 맞추는 것이다.

"사람들은 강하게 반발하는 것 같지만, 그래도 상대방에 따라 금세 그 벽이 무너지기도 해요. 너무 앞서 나가지 않고, 직원들의 뜻을 존중해 주는 상사라면 다 따라올 겁니다. 나이 서열도 그렇지요. 연공서열일 때에는 나이가 많으면 지위도 높아야 하는데 이제 그 공식이 깨졌지요. 그런데도 사람들은 여전히 나이 많은 부하 직원을 대하는 것을 불편해합니다."

마찬가지로 나이 많은 부하 직원은 나이 어린 상사가 불편하다. 김장수 씨는 자신이 경찰에 있을 때의 기억이 떠올랐다. 승진이 빨랐던 그에게는 나이 많은 부하 직원이 많았다. 업무 시간에는 서열이 분명했다.

하지만 술자리나 식사 자리에서는 아무래도 공적인 관계만을 고집하기는 어렵다. 그런 자리에 가면 그는 부하 직원이 술잔을 채우는 것을 기다리지 않고 먼저 술병을 잡는다.

"오늘은 제가 먼저 술을 따르겠습니다. 입관 순서대로, 즉 나이 순으로 따르겠습니다."

"서장님이 먼저 받으셔야죠?"

밑의 직원이 놀래서 말한다.

"아니요, 나는 오래 살아야 하기 때문에 제일 늦게 받겠습니다."

벌써 분위기가 좋아지기 시작한다.

어떤 과장이 "입관 순서가 어디 있나요? 땡감도 떨어지는데."라고 말한다.

서장이 맨 나중에 술잔을 받으니 사람들의 마음에 문이 열리기 시작하고 가슴으로 말을 하기 시작한다. 가장 먼저 술잔을 받은 고참 과장은 얼굴 표정이 밝아졌다.

재취업한 회사에서의 서열 정리

대기업에서 퇴직하고 중소기업에 재취업했지만 적응하지 못하고 배척당하는 경우가 있다고 합니다. 나무도 자리를 옮기면 몸살을 앓는다고 하는데 그만큼 변화라는 것이 쉽지 않습니다.

하지만 곰곰이 생각해 보면 대기업에 있던 사람이 중소기업의 사정을 모르고 행동하다가 문제를 일으키는 것도 원인입니다. 대기업과 중소기업의 체질은 매우 다릅니다. 대기업이 항공모함이라면 중소기업은 조금만 바람이 불어도 심하게 흔들리는 쪽배와도 같습니다. 그러니 대기업에서 하는 식으로 일을 진행하다가는 쪽배가 바다에 가라앉을 수도 있지요.

사람은 환경이나 상황에 따라 처신을 달리할 필요가 있습니다. 중소기업의 열악한 환경을 이해하고 그곳에서 일하는 사람들과 눈높이를 맞추어 공감한다면 새로운 직장 분위기에도 잘 적응할 수 있을 것입니다. 물론 이런 사람에게는 상대방도 열린 마음으로 대할 것입니다.

조직생활을 하다 보면 때로는 나보다 나이가 어린 사람을 상사로 모시거나 나이가 많은 사람이 부하 직원이 되기도 합니다. 이런 경우 서로 어떻게 대해야 할지 고민이 될 수 있습니다.

예를 들어 정년퇴직을 하고 재취업한 직장에서 자기보다 나이가 어린 상사를 모셔야 할 경우를 생각해 봅시다. 나도 불편하지만 젊은 상사도 내가 불편할 것입니다. 이럴 때 어떻게 하면 좋을까요?

제 생각에는 젊은 상사에게 내 방식대로 존대해 주는 것이 좋을 것 같습니다. 나 역시 나이 젊은 상사였을 때 나를 존대해 주었던 부하 직원이 더 고마웠기 때문입니다. 입장을 바꾸어서 생각해 보면 어떻게 하는 것이 옳은지 판단할 수 있습니다. 고민할 문제가 아니라는 것이죠. 관계라는 것은 누가 먼저 어떻게 설정하느냐에 따라 달라지는 것입니다.

3년 뒤, 도전은 계속된다

3년이 지났다. 최 부장은 지역 농수산물 유통회사에서의 계약된 임기가 끝나자 농촌진흥청에서 강소농(작지만 강한 농업경영체) 컨설턴트로 일하기로 했다. 작지만 강한 농가를 키우기 위해 농가들을 대상으로 생산에서 판매까지 컨설팅을 해주는 역할이다. 최 부장은 오랜만에 만난 김장수 씨에게 일하며 가지게 된 '농민 한 사람 한 사람이 CEO가 돼야 한다.'는 신념을 이야기했다.

"농업은 항상 위기였지만 지금처럼 어려울 때가 없습니다. FTA는 체결되어야 하고, 언제까지나 정부가 농가에 보조를 할 수는 없는 일이지요. 궁극적으로는 농가들이 스스로 경쟁력을 키워 글로벌 시대에 살아남아야 합니다."

최 부장이 처음 배추 수매를 위해 농가를 드나들던 20년 전이나 지금이나 농촌은 크게 변한 게 없었다. 20여 년 동안 농민들은 똑같이 생산하고, 고정된 판매처에 농작물을 내놓았다. 예고 없이 닥치는 자연재해에 속수무책인 것도 마찬가지다. 세상이 바뀌고 사람들의 식습관도 바뀌었으니 농가들도 변해야 한다.

최 부장은 자신이 할 일이 바로 이것이라는 확신이 들었다. 강소농 컨설턴트로 일하면서 수입은 예전에 비해 3분의 1로 줄었지만 개의치 않았다.

아들은 군대에 갔고 딸은 아직 대학생이지만 아르바이트로 용돈 정도는 벌기 때문에 과거에 비해 돈 들어가는 데가 크게 줄었다. 그동안 살림 규모를 줄이기 위해 궁리해 온 덕분에 적게 사용하고도 만족할 수 있는 라이프스타일을 이룬 셈이다.

강소농 컨설턴트는 농촌진흥청 소속이지만 최 부장이 담당한 농가를 방문하고 컨설팅을 하는 작업에 있어서는 개인적으로 움직이므로 프리랜서와 같은 입장이다.

최 부장은 자신이 맡은 30개 농가를 작목별로 분류하고, 각각의 생산, 가공, 유통의 문제점과 개선점을 자료로 정리했다. 또 성공한 개인 농가의 사례를 발굴하고 성공 비결을 분석한 뒤 이를 응용한 농가 맞춤형 솔루션을 제시하기로 했다.

특히 그가 제시한 방안은 생산물을 기존의 거래처인 도매시장에만 내놓는 것이 아니라 개별 농가들이 SNS를 활용하여 소비자와 직거래하는 방식이다. 요즘은 모든 것이 스마트폰과 SNS를 통해 이루어진다. 사람들이 스마트폰을 한시도 손에서 놓지 않는다. 블로그나 페이스북, 카카오스토리, 밴드, 인스타그램 등을 이용하면 돈 들이지 않고 광고를 할 수 있고, 거래가 이루어진다. 한번 좋게 소문이 나면 SNS를 통해 소비자들을 무한히 끌어들일 수 있다.

최 부장은 농가들을 일일이 찾아가 설득하고, 이들에게 SNS 활용법을 교육하는 식으로 유통망을 넓혀나가기로 했다. 물론 변화를 싫어하는 농가들도 있지만, 그동안의 어려움으로 인해서 뭐든지 해보겠다는 농부들의 절박함이 있기에 생각보다 쉽게 일이 이루어지는 편이었다.

최 부장의 컨설팅 덕분에 농가 수입이 20% 정도 증가하는 성과를 내면서, 그는 다시 한 번 자신의 선택에 자신감을 얻었다.

희망으로 시작한 직장 생활, 가족을 돌볼 새도 없이 회사 인간으로 바쁘게 뛰어다니던 시절, 결국 40대 후반에 닥친 직업 위기, 이를 돌파하는 과정에서 겪었던 많은 좌절과 허송세월했던 일들, 이모든 게 다 먼 기억처럼 여겨진다. 결국 오늘에 와서는 자신이 갖고 있는 경험과 전문성을 살려 새로운 길을 개척해 왔다는 자부심이 더 생생했다.

40대 후반에서 50대 중반까지 직장 생활하는 사람들은 사실 큰 차이가 없다. 물론 그 안에서도 승진이 늦거나 자신이 맡고 있던 프로젝트가 엎어지는 등의 드라마는 있지만, 그래도 회사라는 테두리 안에서 일어나는 '찻잔 속 폭풍'일 뿐이다. 하지만 직장이라는 테두리가 사라지고 난 뒤에는 사람마다 그 드라마를 스스로 만들어야

한다. 자신이 기획하고, 연출하고, 또 스스로 배우가 되어 한 편의
알찬 드라마를 만들어야 한다.

시시한 드라마가 될 수도 있고 감동적인 인간 승리 드라마가
될 수도 있다. 하지만 자기가 주인공이라는 점은 잊지 말자. 남의
작품에서 조연이나 엑스트라가 되는 것보다 훨씬 값진 인생이
될 것이다.

부창부수, 새로 도전하다

더 좋은 점은 최 부장의 아내도 자신의 일을 찾았다는 점이다. 전업주부였던 그의 아내는 3년 전 남편이 지방으로 내려가 주말부부로 지내게 된 데다 자녀들도 다 커서 '빈둥지증후군'을 심하게 앓았다고 한다. 한동안 운동을 하거나 취미 생활을 하면서 시간을 보냈지만 오래가지 못했다. 목적 없이 앞으로 남은 삶을 살기는 힘들다. 최 부장이 제2의 일에 도전해야 하듯이 아내도 자녀 양육이 끝난 뒤의 공백을 채워줄 새로운 역할을 찾아야 했다.

최 부장의 아내가 제2의 인생을 찾게 된 것은 남편을 만나러 지방을 다니면서부터다. 그녀는 남편을 따라 농가를 다니다가 농사에 눈을 뜨게 됐다. 작은 씨앗에서 싹이 트고 봄비에 줄기가 굵어지고 여름 뜨거운 햇살에 열매가 익어가는 모습을 보면서 자연의 힘과 생명의 신비에 푹 빠지게 된 것이다.

그녀는 서울에서 도시 농업 강좌가 개설된 것을 알고 바로 신청을 했다. 예전에 농사는 시골에서 농부들이 짓는 것이었다. 하지만 지금은 도시민들도 집 가까이에 텃밭을 가꾸며 기르는 즐거움을 맛보고, 건강한 먹거리를 직접 지어먹으며 자급자족을 하는 사례가 많다. 이를 '도시 농업'이라고 한다. 서울시에서 서울시민을 대상으로 실시하는 귀농귀촌 교육도 있다. 무료인 데다 이론과 실기 교육이 충실해서 처음 농사에 관심을 갖게 된 사람들에게 좋은 가이드가 되고 있다.

땅에 씨앗을 뿌리기만 하면 자연이 알아서 키워준다. 농사를 짓는 데 교육이 필요하다는 것이 우습기도 하지만, 실제로 농사를 짓다 보면 작물을 심는 시기, 해충을 막는 방법, 더 튼실한 열매를 맺는 방법 등 배워야 할 것이 많다.

그녀에게는 인생에서 정말 중요하고 기초적인 것일수록 배울 기회가 없었다는 것이 새삼 의아하게 여겨졌다. 농사뿐만이 아니다. 세상에 배울 게 얼마나 많은가. 삶에 생기가 돌았다.

3개월간 이론 교육이 끝난 뒤 일주일에 한 번씩 경기도로 실습 교육을 나가게 됐는데, 이즈음에는 그녀도 빈둥지증후군에서 완전히 벗어나 딴사람이 되었다. 남편이 하는 일에도 흥미를 가져 이것저것 물어보곤 했다. 1년 뒤에는 쉬는 땅을 빌려서 농사를 지었다. 남편이 완전히 은퇴를 할 즈음에는 고향에 내려가 제대로 농사를 짓겠다는 꿈도 꾸고 있다.

오랜만에 김장수 씨를 찾아온 최 부장의 손에는 아내가 농사지은 옥수수와 감자가 묵직하게 들려 있었다. 최 부장의 아내가 농사를 배우러 다닌다는 얘기를 이미 전해 들어 알고 있는 김장수 씨는 부창부수라며 즐거워했다.

몇 년 뒤를 계획하는 최 부장에게서는 이제 불안함을 엿볼 수 없다.

"몇 년 뒤면 지금 하고 있는 컨설팅 일에서도 은퇴해야 할 텐데, 그때는 아내와 함께 고향으로 내려갈 계획입니다. 그동안 농사 전문가로 이것저것 해봤는데 아직 생산은 못해 봤어요. 앞으로는 제 두 손으로 땅도 일구고 이것저것 작물도 키워볼 생각입니다."

"요즘 귀농귀촌 인구가 늘어나고 있다더니, 잘 생각하셨습니다."

"물론 나이가 많아 큰 욕심은 안 부릴 겁니다. 조금씩 농사를 짓고 상품화하면 한 10년 이상 즐겁게 일을 할 수 있을 것 같아요. 나이가 들면 온몸의 감각을 이용한다는 것이 어떤 것인지 알게 돼요. 피부에 와 닿는 바람이나 햇살도 좋고, 내 발로 흙을 밟고, 손으로 작물을 쓰다듬는 느낌이 얼마나 좋은지 모릅니다. 젊은 사람들은 자연이 주는 즐거움을 알기 힘들죠."

"농사 예찬론자가 되셨네요. 하지만 농사짓는 것이 생각처럼 쉽지가 않을 텐데요."

"제 아내도 그러더군요. 정말 힘들다고. 그래도 할 만하니까 하는 것이겠죠. 그래서 저는 노인들도 쉽게 농사를 지을 수 있는 환경이나 장비 개발에 유독 관심이 가요. 기계 관련 책들을 찾아보고 있는 것도 그 때문이지요."

"10년 뒤를 위해서 직업 설계를 하고 계시는군요."

이제는 김장수 씨가 최 부장에게 한 수 배워야 할 판이다.

"그동안 제가 김 소장님을 만나면서 많이 배운 덕분입니다. 인생이라는 실전에서도 부딪히고 다치면서 또 많이 배웠지요. 그러면서 중년 이후 인생에 대해 생각한 것이 있습니다. 인간은 계속 배우고 '되어지는' 존재예요. 이미 완성된 존재가 아닙니다. 그래서 겸허할 필요가 있지요. 반대로 지금 내 모습 때문에 자존심 상해 할 필요도 없어요. 나는 계속 배우고 달라질 테니까요."

찰스 핸디는 《코끼리와 벼룩》이라는 책에서 코끼리로 대표되는 큰 조직을 떠나 벼룩으로 대표되는 프리랜서의 길을 걷기 시작한 직후에 느꼈던 왜소해진 기분에 대해 이야기했다. 조직이라는 거대한 배경을 벗고 자신의 힘으로 홀로 서기 위해서는 누구나 성장통을 겪는다.

당신이 퇴직을 준비하고 있다면

베이비붐 세대의 퇴직 행렬

평일 오후에 카페를 찾았더니 저와 비슷한 연배의 중늙은이들이 여기저기 자리를 잡고 앉은 모습이 보였습니다. 나 혼자가 아니구나 하는 안도감을 느끼며 씁쓸한 위안을 맛보는 순간이지요. 요즘 베이비붐 세대의 은퇴 대란이 시작됐다고 합니다.

베이비붐 세대는 '긴 세대', '샌드위치 세대'라고들 합니다. 부모님을 부양해야 하지만 자식들에게는 노후를 기대하기 어려운 세대입니다. 직장에서는 성장의 과실을 먼저 수확한 윗세대와 경쟁력 있고 IT에 강한 젊은 세대 사이에 끼여서 고생입니다. 아날로그와 디지털 사이에 낀 세대이지요.

한국의 베이비붐 세대는 호경기에 업혀서 중년의 풍족한 삶을 구가했던 외국의 베이비붐 세대와는 다릅니다. 물론 한국의 고도성장 덕을 보기는 했죠. 대학을 졸업하자마자 수월하게 직장을 얻었고, 중산층에도 편입했습니다만, 1997년 IMF 관리 체제 때 평탄했던 직장 생활이 송두리째 흔들리는 경험도 했습니다. 급변하는 변화에 적응하지 못하거나 전문성을 갖추지 못한 경우에는 도태될 수밖에 없었죠. 실적 경쟁, 성과주의에 휘둘려 노후 준비할 틈도 없이 달려왔습니다. 한 고비 넘었다 싶으면 또 다른 경제 위기로 휘청거리게 되는, 말 그대로 롤러코스터를 탄 인생이었습니다.

현재 60대 이상의 기성세대들은 자신의 중년기를 인생의 황금기로 불렀겠지만 베이비붐 세대에게 중년은 인생의 황금기가 아닙니다. 오히려 이른 퇴직, 노후 걱정 등으로 걱정이 많은 시기이지요. 2011년 보건복지부의 국민 인식 조사에서 베이비붐 세대의 53.7%가 노후 준비를 하지 않고 있다고 답했다고 합니다.

그러나 지나치게 비관적으로만 볼 필요는 없습니다. 다행히 베이비붐 세대에게는 정보가 있고 학습의 기회가 있습니다. 아무런 노후 대책도 없이 벼락같이 몇십 년의 삶을 보너스처럼 받은 위의 세대와는 다릅니다. 우리는 평균 수명 100세 시대의 패러다임에 대해 충분히 숙지하고 이를 준비할 만한 시간적 여유도 있습니다. 자신의 재정 상태와 건강을 미리 진단해서 이를 지킬 방법을 찾아낼 수 있습니다.

과거에는 돈이나 자리라는 제한 자원으로 자신의 삶을 바라보면서 결핍감을 느꼈다면 이제는 내면적 성숙, 이타적 행동과 같이 점점 늘어나는 자원으로 자신의 삶을 채워넣을 수도 있습니다. 조금만 노력하면 스마트폰, SNS와도 친해질 수 있습니다. 소속이 없고 시간은 많은 퇴직자들에게 SNS는 새로운 관계 맺음과 확장된 삶을 가능케 합니다. 스마트폰과 SNS를 문제시하는 편협한 생각은 버려야 합니다. 이것들은 연령차별을 하지 않습니다. 조금 느릴지언정 배우지 못할 것도 없습니다. 베이비붐 세대는 그동안의 경험을 통해서 적응력을 길렀고 학습 능력도 갖추었습니다. 베이비붐 세대는 더 오래 살 것이고 더 잘 살 수 있을 것입니다.

김장수 씨는 이후 10년을 어떻게 준비하고 있나?

인생의 후반부에서는 '겉으로 보여지는 나'가 아니라,
내 속에 있던 '본래의 나'가 중요해집니다.
남의 시선, 평판이 젊었을 때만큼 중요하지 않습니다.
'본래의 나'로서 살아가면서 자연스러움을 느끼고
나답게 사는 것이 가장 중요합니다.

지금이 최고

최 부장이 보기에 김장수 씨는 잘나가는 퇴직자다. 퇴직하고도 현역에 있는 후배에게 밥을 살 수 있는 선배이기 때문이다. 최 부장이 장난 삼아 물어본다.

"소장님, 요새 학위 가운데 제일 높은 게 뭔 줄 압니까?"

김장수 씨는 농담이겠지 하면서도 나름 성실하게 대답해 본다.

"학사, 석사, 박사 다음에 또 있나요?"

최 부장은 씩 웃으며 말한다.

"학사, 석사, 박사 다음에 '밥사'랍니다."

사람의 능력이나 가치를 경제력으로만 따질 수는 없지만, 김장수 씨의 경우 현역일 때 받던 월급보다 퇴직 후 더 많은 수입을 올리고 있다. 다른 사람들은 퇴직한 이후로 상실감을 느끼고 인생이 추락했다고 얘기하지만 김장수 씨는 '지금이 최고'라고 생각한다. 그의 바람은 '이렇게 10년만 할 수 있다면'이다.

최 부장도 깊이 수긍한다.

"퇴직자 가운데 이렇게 말할 수 있는 사람이 몇이나 될까요? 정말 드물겠지요?"

김장수 씨가 행복해하는 이유가 반드시 경제력에만 있는 것은 아니다. 그의 삶은 끊임없이 변화한다. 있던 것이 사라지고, 없었던 것이 새로 생긴다. 하는 일도 바뀌고 매일 마주치는 얼굴들도 바뀐다. 역동적인 변화 속에서 그는 피로감을 갖기보다 내일에 대한 기대를 갖고 있다. 이것이 김장수 씨가 가진 최고의 무기다. 최 부장은 '내일을 위해 많이 준비하고 씨를 뿌린 사람만이 누릴 수 있는 결실'이 바로 김장수 씨의 '오늘'이라고 말하곤 한다.

1+1=3

친구들이 모인 자리에서는 자녀들 혼사와 며느리, 사위 얘기가 심심찮게 나온다. 그러나 김장수 씨는 늦게 결혼하여 아이들이 아직 어리기 때문에 남 얘기처럼 듣곤 했다.

아이들이 대학 들어가기 전에는 대학만 들어가면 아무 걱정이 없을 것 같더니, 그다음에는 군대, 결혼 순서로 더 큰일들이 닥친다. 김장수 씨에게 그 큰일이 닥쳤다.

일등병인 아들이 휴가를 나와 불쑥 물어본다.

"아빠! 사랑이 뭐예요?"

"사랑? 갑자기 웬 사랑 타령이냐?"

김장수 씨가 일부러 시큰둥하게 대답하자 아들은 다짜고짜 통보하듯 말한다.

"아빠, 저 결혼할 여자 친구가 있어요. 결혼시켜 주세요."

"상일아, 너 군대 봉급이 8만 5천 원이잖아. 군대 가면 있던 여자도 도망간다던데, 8만 5천 원으로 누구를 먹여 살리겠다는 거야? 군대 생활이나 잘해!"

김장수 씨가 사나이 자존심을 건드리며 기를 팍 죽여 놓아도 아들은 물러서지 않는다.

"사람마다 사정이 다르잖아요. 아빠도 아는 여자예요."

"나도 알아?"

"예, 동은이에요."

동은이라면, 딸 상빈이의 대학 선배라면서 가끔 집에 놀러오던 아가씨다.

"상일아, 다시 생각해. 결혼이 뭐가 급해?"

김장수 씨는 고개를 절레절레 흔들었지만, 열흘 뒤 상일이가 군에 복귀한 뒤에 동은이라는 아가씨가 혼자서 불쑥 찾아왔다.

"아버님, 저 상일 씨를 좋아합니다. 결혼시켜 주시면 아들도, 딸도 낳을 수 있어요. 둘, 셋, 넷도 낳을 수 있습니다."

"그래요……? 그것 참 감사한 일이긴 한데……."

일등병인 아들이 결혼하겠다고 하고 며느리 될 아가씨가 손자도 낳아준다는데, 무조건 반대만 할까 싶다. 김장수 씨는 다음 날 아침 아들이 복무 중인 군대의 중대장에게 전화를 했다.

"중대장님, 일등병 김상일 아버지 김장수입니다. 혹시 일등병도 결혼하면 휴가를 줄 수 있나요?"

"저희 부대 역사가 오래되었지만 일등병이 결혼한 사례가 없는데……. 규정을 찾아봐야겠습니다."

얼마 있다가 중대장으로부터 전화가 왔다.

"상일이 아버님, 일등병도 결혼하면 15일 휴가를 줄 수 있어요. 다만 신혼여행을 해외로 가는 건 어렵습니다."

"감사합니다."

결혼은 일사천리로 진행되었다. 김장수 씨는 아들 결혼식에서 나훈아의 〈사랑〉을 축가로 불렀다. 하객들이 앙코르를 하여 두 곡 불렀더니 주례를 하는 목사님이 그동안 주례를 수없이 많이 다녔지만 신랑 아버지가 축가를 부르는 것은 처음 본다고 했다. 아들 내외는 제주도로 신혼여행을 다녀온 뒤 아들은 다시 부대로, 며느리는 논산 친정으로 갔다.

나이가 들면서 확장된 가족을 갖게 된다. 내 자식이야 미우나 고우나 내 책임이지만, 며느리, 사위, 손자, 손녀로 관계가 확대되면서 어른 노릇도 만만치 않다. 김장수 씨는 며느리를 보던 날, 자신의 페이스북에 이런 글을 올렸다.

부모 된 사람들의 가장 큰 어리석음은 자식을 자랑거리로 만들고자 하는 것이다. 부모 된 사람들의 가장 큰 지혜로움은 자신들의 삶이 자식들의 자랑거리가 되게 하는 것이다.

김장수 씨는 아들 결혼식이 끝난 후에 주변 사람들에게 털어놓았다. 1＋1＝2가 아니라 3이었다고.

시간이 흐르면서 며느리의 배가 점점 불러왔다. 김장수 씨는 배 속의 아기 이름을 '축복'이라고 지었다.

시간 날 때마다 며느리한테 전화를 했다.

"며느리, 잘 있어?"

"네, 잘 있어요."

"축복이 잘 크고? 먹고 싶은 것 없니?"

"아버님, 축복이가 족발 먹고 싶대요."

주말이 되면 아내와 함께 과일과 족발을 사들고 논산으로 갔다. 김장수 씨는 며느리가 대견스럽고 한편으로는 안쓰러웠다. 며느리는 자식이지만 손님이기도 하니까.

아들에게서 전화가 왔다.

"아빠, 동은이 잘 좀 챙겨주세요."

"걱정하지 마. 주말마다 엄마랑 족발, 순대, 과일 나르고 있으니까 군대 생활이나 잘해!"

이야기 끝에 아들이 "엄마 좀 바꿔주세요."라고 한다. 김장수 씨가 옆에서 듣고 있자니 전화로 20분을 이야기한다.

"여보, 상일이하고 무슨 통화가 그렇게 길어?"

"상일이가 지금 PX 옆에 있는데 빵 사 먹고 싶다고 3만 원만 보내달래!"

결혼을 하나 안 하나 자식은 자식이다.

요즘 김장수 씨는 최 부장을 만나면 며느리 이야기뿐이다.

며느리에게서 전화가 왔다.

"아버님, 오늘 병원 다녀왔어요."

"그래, 수고했다."

"병원에 갔더니 의사 선생님이 아들이래요."

"허허허, 축하한다."

"아버님, 내일이 토요일이니까 집에 갈게요."

"그래!"

군대 간 남편에게 그 이야기를 얼마나 하고 싶었을까. 며느리가 기쁜 소식 들고 시댁에 온다는데, 무엇을 해줄까 고민했다. 김장수 씨는 현수막 제작업체에 전화를 했다.

"사장님, 현수막 하나 맞추겠습니다."

"무엇이라고 쓸까요?"

"이렇게 써주세요. '사랑한다, 며느리! 아들이라며? 딸을 기다렸는데…… 약속 지켜라. 네 명 낳는다고 한 것.' 그 밑에 가족들 이름과 날짜도 써주세요."

모두 잠든 새벽에 일어나 아파트 베란다에 현수막을 걸었다. 아파트 정문을 들어서던 며느리가 그것을 보고 눈물을 왈칵 쏟았다. 김장수 씨는 며느리 마음을 잘 붙들어두고 싶었다.

"며느리, 네 남편 상일이가 스물두 살, 너는 스물네 살. 동생 같은 남편이잖아. 앞으로 살아갈 때 어려움이 많이 있을 거야. 그때는 지금 마음을 꼭 생각해."

"네! 아버님, 열심히 살겠습니다."

사람살이는 역시 공감대 형성이 중요하다. '아직 준비가 안 된 아들을 꼬셨구나.' 하고 노여워하기보다 '나이 어린 남편과 함께 살려면 고생일 텐데.' 하고 며느리 입장에서 걱정해주고 다독여준다. 손 아래 사람을 대할 때 그 어려움을 이해하고 걱정한 뒤에 내 할 말도 해야 통하는 것이다.

선글라스

은퇴 후에는 가족들과 부대끼는 시간이 많다. 함께할 가족이 있다는 것으로도 감사할 일이지만, 눈치 없는 가장이 안 되려면 가족 관계에도 요령이 필요하다.

김장수 씨의 아들이 제대를 하고 나서 모두 한집에서 살게 된 지 벌써 3개월째. 김장수 씨는 며느리와 함께 사는 것이 쉽지 않음을 내비친다. 며느리를 딸처럼 생각하려 하지만 역시 며느리에 대한 기대치가 있다. 며느리 역시 시댁이 불편할 것이다. 문제는 어떻게 서로 적응하며 살 것인가?

대화가 답이 아닐까?

드라마를 보면 시아버지가 출근할 때 며느리가 대문까지 나와서 인사한다. 김장수 씨도 내심 그러한 모습을 기대했나 보다. 아침에 김장수 씨가 출근할 때 쿨쿨 잠만 자던 며느리의 모습을 생각하니

짜증이 나고 심술도 났다.

결혼해서 몇 달 같이 살아보니 이런저런 것이 섭섭하다. 그래서 '한번 말을 해줘야지.' 하고 벼르고 있었다. 마침 며느리가 석사를 졸업하고 박사 과정에 들어간다고 하는데 그것도 마음에 들지 않는다. 아들은 군대 갔다 와서 복학해 아직 대학교 1학년인데, 솔직히 부담이 되기도 했다. '혹시 나중에 박사 학위까지 받고 남편이 너무 수준이 낮다고 차버리지는 않을까?' 걱정도 됐다.

그래, 상일이와 비슷하게 맞춰놓자.

'상일이가 대학을 졸업하면 그때 박사 들어가라고 해야지.'

김장수 씨는 속으로 이 얘기를 어떻게 할 것인지 몇 번이고 생각해 보았다.

마침 며느리를 친정에 태워다 줄 일이 생겼다.

"동은아, 할 이야기가 있다."

제법 분위기를 잡고 말하는데, 며느리가 벌써 웃을 준비를 한다. 김장수 씨가 항상 재밌는 이야기를 잘하니 그런 것이다. 김장수 씨도 잔소리하다가 웃음이 나올까 봐 차에 있는 선글라스를 꼈다.

"동은아, 나는 너와 살아보니까 경찰청장님을 모시고 사는 것 같다. 아침이면 시아버지가 과일주스 갈아주지, 내가 출근해도 쳐다보지도 않지. 아기가 그렇게 중요하니? 전화벨 소리가 커서 깨면 또 어때? 너, 박사 과정은 아무래도 다음에 들어가야겠다. 남편하고 비슷해야지."

안 잡던 무게를 잡으려니 웃음이 쏟아진다. 다시 한 번 선글라스를 고쳐 쓴다.

"네."

며느리가 작은 소리로 대답한다.

집에 와서 아침에 있었던 일을 아내에게 말했더니 "잘했어, 잔소리 같지만 한 번은 해야 돼!"라고 맞장구를 쳐준다.

반응은 바로 저녁에 왔다. 열 받는 이야기가 들려온다. 며느리가 아들에게 "내가 왜 경찰청장이야? 이런 이야기 듣고 어떻게 집에 들어가겠어? 그리고 내가 박사 과정 안 들어가면 누가 손해야?"라고 퍼부었단다.

"여보, 동은이가 집에 안 들어오면 어떻게 하지?"

내심 겁이 나서 아내에게 말했다. 아내는 "다 들어오게 되어 있어." 하며 무사태평이다.

그날 저녁에 며느리가 아무 일도 없었다는 듯이 집에 들어오다가 김장수 씨를 보고, "아버님! 다녀왔습니다." 하고 인사를 한다. 한편으로 고맙고 감사하다.

다음 날은 출근하는데, 며느리가 문을 열고 나와 인사를 한다.

"아버님, 다녀오세요!"

"그래! 뭐 먹고 싶은 것 없니?"

며느리는 며칠 동안 아침에 인사를 했다. 그러고는 언제부턴가 다시 감감무소식이다.

"여보, 동은이가 왜 아침 인사를 안 하지?"
"둘째 가졌대!"

입장을 바꿔서 생각하면 상대방의 마음을 알 수 있다. 아내 입장에서, 남편 입장에서, 며느리 입장에서, 시아버지 입장에서, 동료 입장에서, 상사 입장에서 생각해 보면 상대방의 마음이 읽혀지고 내가 지금 무엇을 해야 할지가 비로소 생각나기 시작한다.

시아버지, 할아버지라는 새로운 역할

우리 세대 남자들은 집안에서 권위를 내세워야 한다고 생각해 왔습니다. 어른으로서의 품위와 위엄을 지켜야 한다는 것입니다. 그런데 가족들에게는 남편, 아버지가 불편한 존재일 뿐입니다. 집에 있으면 시중들어야 할 상대, 비위 맞추어야 할 어린 아이로 여깁니다. 아버지라는 존재는 다른 가족과 섞이지 못하고 겉도는 이물질일 뿐입니다.

이제는 스스로 바뀌어야 합니다. 호주제도 폐지된 마당에 가장이라고 무게 잡아 봐야 아무 소용이 없습니다. 무게를 잡지 말고 권위를 내려놓아야 가족이 편하고 내가 편해집니다.

저는 가족을 위해 할 수 있는 일을 하는 편입니다. 아직 경제력이 있어 자식들 뒷바라지를 한다는 것에 자부심을 느낍니다. 더 나이가 들어 자식들에게 도움이 되지 못하는 때가 오겠지만, 그때까지 힘써 뒷바라지를 할 작정입니다. 자식 사랑은 내리사랑이라고 하는데 아까울 게 뭐 있나요? 어떤 사람은 말합니다. 끝까지 돈주머니를 먼저 풀어서는 안 된다고. 그래야 자녀로부터 효도를 받을 수 있다고. 그러나 재물로 자식을 조종해야 한다니, 뭔가 잘못됐다는 생각이 듭니다.

때로는 자식이 못 미덥고 며느리가 못마땅할 때도 있습니다. 자녀들에게 베푸는 만큼 기대가 큰지도 모르지요. 또 생활습관이 다르고 생각이 다르니 함께 사는 것이 불편하기 짝이 없습니다. 그런데 나이 든 사람은 바꾸기 힘드니, 젊은 사람이 맞추라고 합니다. 하지만 한쪽만 노력하는 관계가 오래 지속될 수 있을까요? 부모는 부모대로, 자녀는 자녀대로 서로 생각과 기대를 맞추려고 노력해야 합니다. 자녀는 가장 가까운 타인이지, 나 자신은 아닙니다. 그래서 적당한 공간적 거리, 마음의 거리를 두는 것도 필요합니다.

나이와 비전

김장수 씨는 아들이 미덥지가 않다. 그의 아들 상일이는 스물네 살의 어린 나이에 벌써 아들과 딸, 자식을 둘이나 뒀다. 그래도 자기아들이 돌이라고 좋아한다. 허구한 날 싸우는 며느리와 아들을 보며, 그도 신혼 때 저렇게 싸웠겠구나 싶은 생각이 든다. 아내한테물으니 "우리는 더 싸웠어."라고 한다.

며느리는 박사 과정에 들어가겠다고 하는데, 아들은 이제 신학대학 1학년이다. 과연 잘 살 수 있을까 걱정된다.

김장수 씨는 아들 상일이에게 문자메시지를 보냈다.

'상일아! 아내가 남편을 볼 때는 나이가 적고 많은 것을 보는 것이 아니고 비전이 있는가, 없는가를 본다. 남편이 비전이 있다고 생각되면 어떤 어려움도 참고 사는 것이 부부다. 요새는 열 쌍 결혼해서 일곱 쌍 이혼한단다. 결혼했다고 이제 아내를 집토끼라고 생각하고 방심하면 안 된다. 남편은 아내에게 계속 아름답기를 기대하지만 아내에게도 남편이 항상 믿음직스럽고 의지가 돼야 한단다. 남편은 아내에게 작은 기쁨을 줘야 한다. 꽃 100송이를 안겨주면 아내는 1년은 행복할 것 같지만 그렇지 않다. 그것보다 한 송이씩 매일 가져다주는 데서 행복을 느낀단다. 남자와 여자는 본래부터 다른 거다. 남자는 목표를 가지고 살아가지만, 여자는 관계를 보면서 산다.'

상일이한테서 문자 답장이 왔다.

'네.'

김장수 씨가 침례신학대학원을 다닌 지가 벌써 3년이다. 언제 마치나 싶었는데 3년이 훌쩍 지났다. 아직 멀었다고 생각하지만 시간이 흐른 것도 사실이다. 졸업한다고 자신이 신학에 대해 얼마나 알게 될지 속으로는 회의도 든다. 하지만 이내 마음을 다잡는다.

'그래! 공부는 평생 하는 거다. 혼자서라도 하는 거지.'

학교에 갈 때면 학생들이 인사를 한다.

'언제 봤더라?'

김장수 씨는 기억이 나지 않는다. 나중에야 인사하는 이유를 알았다. 학생들은 나이를 먹고 가방을 든 50대 후반의 남자를 보면 그냥 교수이겠거니 생각하는 것이다. 군대에서 일등병이 대대장 얼굴을 알아서 인사하지는 않는다. 대대장 차를 보고 인사하는 것이다.

나이 먹고 넥타이를 매면 대학 내에서는 교수로 취급받는다. 교수면 어떻고, 학생이면 어떠랴. 모르는 것을 하나 더 알아나간다는 것이 중요하지.

　김장수 씨는 내년에 신학대학원을 졸업해도 계속 공부해 볼 참이다. 계속 배우고 공부해야 자신이 하는 강의 내용도 풍부해진다고 믿는다. 그는 경찰에 있을 때 심리적으로 힘들어하는 경찰을 많이 보았다. 많이 배워서 사람들의 마음을 위로할 수 있는 단계가 되면, 그런 후배들을 찾아가 상담을 통해 조금이나마 도움을 주고 싶은 게 그의 희망이다.

요양 병원과 노후 대책

최 부장은 나이 들면 하고 싶은 것으로 '봉사'를 꼽았다. 젊었을 때에는 소유가 중요하지만 나이 들어서는 나눔이 더 아름다워 보인다. 김장수 씨도 공감한다. 세상에서 가장 존귀한 것은 아무 보상을 바라지 않고 남을 위해 베푸는 것이다. 봉사는 나이 들어서 하는 것도 좋지만 젊었을 때부터 하면 더 좋다.

김장수 씨가 퇴직 전부터 봉사하러 다니는 곳은 요양 병원이다. 병원이 5층에 있는데 1층에서부터 타고 올라가는 엘리베이터는 아무나 못 탄다. 치매를 앓는 노인들이 엘리베이터를 타고 밖으로 나가는 일이 있기 때문에 관리자의 열쇠가 있어야만 탈 수 있게 되어 있다. 처음에 갈 때는 '할아버지, 할머니들과 많은 대화를 하고 와야지.'라고 마음먹었지만 생각과는 딴판이다. 할아버지, 할머니들 가운데 어떤 사람들은 휠체어에 묶여서 텔레비전을 보고 있고, 어떤 사람들은 계속 자고만 있다. 한 달에 한두 번 김장수 씨는 아내와 요양 병원을 방문해서 노인들의 말동무도 해드리고, 이발 봉사도 하고, 휠체어도 닦아준다. 식사 준비와 청소는 기본이다. 오랫동안 봉사를 해왔기 때문에 직원이나 매한가지다. 할아버지, 할머니들도 두 사람을 점차 편하게 대하기 시작했다. 어떤 분은 젊을 적 도청에서 공무원으로 일하던 이야기를 구성지게 들려주고 김장수 씨를 '김 주사, 김 주사'라고 부르며 좋아한다.

점심 먹고 오후에 잠이 들면 하루해가 넘어간다. 요양 병원의 하루하루가 이렇게 지나간다. 김장수 씨는 이곳에 오면 미래의 자신을 보는 듯하다. 덧없이 흘러가는 하루. 오늘 이 순간은 다시 오지 않는다. 나이가 들수록 시간이 더 빨리 지나간다고 여기는 것은 인생의 유한성을 깨닫기 때문이 아닐까.

요양 병원에서 송년 파티를 한다고 해서 특별한 준비를 했다. 아내에게 들려 보낼 핸드크림 200개를 사고 김장수 씨도 나름의 필살기를 보여주기로 했다. 그가 경찰 생활하면서 스트레스를 푸는 창구는 대부분 노래방이었다. 윤수일의 〈아파트〉, 조용필의 〈돌아와요 부산항에〉, 남진의 〈님과 함께〉 등은 오래전부터 즐겨 불렀던 노래들이다.

송년 파티에서는 함께 봉사를 다니는 경찰청 통신과장과 합동무대를 꾸미기로 했다. 색소폰을 잘 부르는 경찰청 통신과장의 반주에 맞추어 노래 다섯 곡을 불렀다. 밝은 노래와 템포가 빠른 노래로 분위기를 이끌었다. 또 마술과 무술 시범을 보인다고 난리를 피웠다. 어설프지만 이들의 장기 자랑을 지켜보는 노인들의 얼굴에 미소가 끊이지 않는다. 잠시라도 아픈 것을 잊어버리고 그 속에 빠져드는 모습이 꼭 나이 많은 어린아이들 같다. 나이 먹으면 다 똑같아지는 것일까?

주말 산은 사람들로 붐빈다. 등산로 입구에 대절해 온 버스들이 도열한 가운데 단풍 빛깔과 경쟁을 벌이기라도 하는 듯 화려한 색상의 등산복을 갖춰 입은 중년들이 삼삼오오 모여 있다.

"나이 들면 건강 챙기는 게 가장 좋은 노후 대책이죠."

한 사람이 말하자 모두들 미소로 화답한다.

중장년층은 모였다 하면 나이 애기에 건강 애기, 미래 걱정이다.

"우리 나이가 이제 몇이에요? 요즘 평균적으로 여든 살이 넘도록 산다잖아요. 앞으로 몇십 년을 살아야 하는데, 도대체 뭘 먹고 사느냐 말이죠."

"자식 교육 시키느라 돈을 다 썼는데, 이제 자식들이 내 노후를 책임져 주는 것도 아니고……."

"아유, 찾아와서 손 벌리지만 않으면 그것도 효도예요. 자식들한테 뭘 바래요?"

"돈도 돈인데, 할 일이 없다는 것도 문제예요. 남은 인생이 너무 길고 지루하다니까요."

몇 발자국을 옮겨도 또 똑같은 이야기가 들린다.

"고령화로 인한 문제가 심각하답니다. 노인은 많아지고, 아이들은 줄고, 일할 사람이 없다는 거예요. 우리나라 경제가 꼭 일본을 닮아간다네요."

모두들 출구 없는 미로에 갇혀서 아우성이다.

당신이 퇴직을 준비하고 있다면

가치 있게 살기

사람들은 왜 나이 드는 것을 기피하는 것일까요? 왜 노인들에 대해 부정적 감정을 느끼는 걸까요? 그것은 사람이 유한한 존재임을 깨닫기 때문일 것입니다. 노인들을 보면서 우리의 미래를 보게 됩니다. 생명의 끝에는 소멸과 망각이 기다린다는 사실은 정말 생각하고 싶지 않은 것이지요. 하지만 인간은 누구나 정해진 시간을 살다 갈 뿐입니다. 죽음을 향한 긴 여행은 인간이라면 누구나 피할 수 없는 운명이지요.

그래서 전혜성 사회학자는 《가치 있게 나이 드는 법》이란 책에서 '인간은 시간적 존재이기 때문에 가치 있게 나이 드는 것이 최선'이라고 말합니다. '가치 있게 나이 드는 것'이란 무엇일까요? 인간에게 있어 가장 가치 있는 것은 '이타적 삶'일 것입니다. 자기가 가진 것들을 다른 사람을 위해 나누면서 살아가는 것 말입니다. 나눌 수 있는 것은 돈과 재화만이 아닙니다. 시간과 재능, 따뜻한 말 한마디를 다른 사람에게 나누어줄 수 있습니다. 나에게 속해 있는 것들을 나누어줌으로써 나는 부재의 운명을 극복하는 것이지요.

그럼에도 불구하고 나이가 든 사람들이 계속해서 돈에 연연하여 인색하게 구는 것, 자기 자신만을 위해서 살아가는 것은 안타까운 일입니다.

나이 든다는 것은 다른 차원의 인간이 되는 것입니다. 젊었을 때 많이 일하고 많이 만나고 많이 보고 듣는 것은 나이 들어서 다 써먹기 위해 하는 일입니다. 우리가 인생의 마지막에 도달하는 그 순간, 그때 가장 중요한 질문은 얼마나 벌었는가, 얼마나 모았는가가 아닙니다. 그때 가장 중요한 질문은 얼마만큼 베풀었는가, 얼마나 나누었는가, 그리고 무엇을 남겼는가 하는 것입니다.

미국의 사회심리학자 에릭슨에 따르면 중장년들의 과제는 타인과 함께 창조적으로 살아가는 방법을 배우는 데 있다고 합니다. 자녀를 낳아 교육하고 사회적 전통과 가치관을 전달함으로써 부모로서의 생산성을 획득합니다. 자녀뿐 아니라 다음 세대를 위해 관심과 배려를 쏟음으로써 더 좋은 세상을 만들고 이로써 만족스러운 중년을 누릴 수 있습니다. 이 시기에 타인에게 관심을 갖고 지지하지 못한다면 인간관계가 황폐하게 됩니다. 나이 든 사람이 밥값도 내고 고민하는 젊은 친구들 얘기도 들어주어야 인간관계가 좋아진다는 말이지요. 그런데 타인에 대한 '관심'을 잘못 해석한 나머지 '참견'을 일삼는 사람도 있습니다. 젊은 사람들이 필요로 하는 것은 노인네들의 참견이 아니라 격려와 후원입니다. 세상에서 가장 존귀한 것은 보답을 바라지 않고 봉사하는 것입니다.

일의 힘

오랜만에 파출소장으로 퇴임한 후배에게서 전화가 왔다. 다음 달에 있을 경찰 퇴직자 모임인 경우회와 관련해서 상의할 것이 있어서였다. 퇴직한 뒤로 경우회에 나오지 않았는데 모임에 몇 번 나오더니 임기가 끝난 김장수 씨를 대신해서 총무일도 맡겠다고 나선 것이다. 그의 목소리가 활기차다.

"김 서장님, 안녕하셨어요?"

"어이쿠, 오랜만이네. 나야 잘 지내지. 어떻게 지내?"

"잘 지냅니다. 요즘은 매일매일 외출을 합니다. 집을 나설 때 아내가 차 조심하고 다녀오라고 할 때가 가장 좋아요. 전에 말씀드렸던 스쿨폴리스도 하고 있고, 가끔 예식장 주례 아르바이트도 해요. 주례는 한 번 나가면 10만 원을 받아요. 모르는 사람을 위해 주례를 선다는 것이 처음에는 어색했지만 하다 보니 이것도 좋은 일이라는 생각이 들어요. 결혼하는 부부를 보면서 진정으로 행복을 빌어주고 나의 결혼 생활, 가족들도 돌아보게 되거든요."

남의 이목에 신경 쓰던 후배가 맞나 싶을 정도로 자기 생활에 대해 미주알고주알 얘기를 한다. 또 최근에는 지하철 택배도 시작했다고 한다. 처음에는 '이런 일까지?' 했지만 해보니 운동도 되고 돈도 벌고 일석이조라고 자랑이다.

일본 속담 중에 '이 빠진 밥공기도 예전에는 요시노의 벚나무'란 말이 있다. 일본에서는 식기를 나무로 만들곤 하는데, 특히 벚나무로 만든 밥공기가 좋단다. 요시노는 벚꽃으로 유명한 일본 나라 현의 정町이다. 벚나무는 땅에 뿌리를 박고 있을 때에는 사람들이 우러러보는 멋진 나무였지만 지금은 누군가의 밥그릇이 되었다. 누구에게나 화려한 과거가 있는 법. 하지만 지금은 그 나름대로 유용한 존재가 되었기에 나쁜 것만은 아니다.

스쿨폴리스, 지하철 택배, 아르바이트 주례 자리가 전직 파출소장이었던 그를 초라하게 하는 것이 아니다. 오히려 삶에 대한 그의 적극적 자세를 보여주는 것 같아 김장수 씨는 후배가 존경스럽게 여겨질 정도다. 새뮤얼 울먼은 〈청춘〉이라는 작품에서 '청춘은 젊은 육체에 있는 것이 아니라 젊은 정신에 있는 것'이라고 했다.

"요즈음 공무원 연금을 깎는다고 난리가 아니더라고요. 물론 격정이겠지요. 하지만 구소련의 경우를 봐요. 나라가 경제적으로 어려웠을 때 공무원들이나 국민들에게 연금을 주지 못했다잖아요. 나라가 부도가 났는데 연금이 어디 있겠어요. 물론 그럴 리야 없겠지만 저도 연금만 믿고 있을 수는 없다고 생각해요. 내가 벌 궁리를 해야지요. 평상시 나의 몸값을 올려놔야 하고. 용돈 몇만 원 벌어서 주머니에 넣고 있으면 행복해지고 자신이 생기고 표정이 달라져요. 손주들도 좋아하지요. 일하는 할아버지를 보고 '멋지다'고 하고, 용돈이라도 주면 '할아버지 최고'라고 합니다."

그의 이야기가 계속 이어진다.

"저녁을 먹고 나면 예전에 보이지 않던 그릇이 보여요. 설거지를 해야 돼, 말아야 돼, 갈등이 생기지요. 그래 하자. 설거지를 하고서 행주까지 깨끗이 빨아놓으면 아내가 기뻐해요. 설거지 정말 잘했다고 칭찬 한마디 들으면 그다음에는 세탁기까지 돌립니다. 세상에 변한 것은 아무것도 없어요. 제 생각만 변했을 뿐이지요. 세상은 제가 정년퇴직을 하는지 무엇을 하는지 관심이 없다니까요. 나만 웅크리고 있었을 뿐입니다."

사람은 아무리 나이가 많아도 성장할 수 있다. 긍정적인 마음으로 자기 삶을 들여다본다면 기쁘게 살아갈 이유를 충분히 찾을 수 있는 것이다.

마일리지

김장수 씨가 좋아하는 것이 마일리지다. 하다못해 요새는 동네 슈퍼에서도 갈 때마다 포인트 적립을 해준다. 하루는 슈퍼 주인이 이사를 간다고 포인트를 다 쓰라고 해서 김장수 씨는 손자가 좋아하는 과자들을 한 아름 샀다. 왠지 공짜로 얻었다는 생각이 든다.

인생도 마일리지처럼 하나씩 쌓이는 것 같다. 나중에는 쌓인 것을 알지만 지금은 모른다.

김장수 씨가 경찰서장이던 시절, 아침 일찍 2층 서장실에서 내려다보면 500여 명의 직원들이 넥타이를 매고 출근을 한다. 출근하는 모습을 보면 웃는 얼굴이지만, 그 속을 알고 보면 다 어려움이 있다. 집을 장만했다고 좋아하면 아내가 병이 들었고, 아들이 크면 대학 보낼 것이 걱정이다. 아들이 장가가서 다 끝난 것 같은데, 이번에는 손주 걱정이다. 그것이 인생이다.

지금 김장수 씨의 인생은 편안하고 만족스러운 것 같지만, 30여 년 전 그도 죽도록 어려웠던 시절이 있었다. 그가 경찰이 되었던 것은 남다른 의협심이나 공복 의식이 있어서가 아니다. 당시에는 경찰이 되는 것이 가진 것 없는 청년에게는 돈 안 들이고 교육을 받고 직업을 가질 수 있는 길이었다. 몇 년 전에 돌아가신 그의 아버지는 젊은 시절에 영화배우였다. 최무룡 씨, 신영균 씨, 남궁원 씨 등과 영화를 같이 찍을 정도로 당시에는 잘나가던 배우였지만 영화 제작에 손을 댔다가 온 집안이 거덜이 났다. 젊은 시절, 김장수 씨는 인생의 힘든 고비를 열심히 이 악물고 버티며 살아왔다. 그것이 마일리지로 쌓여서 지금 보너스로 돌아오고 있다.

나이가 드니까 여러 가지 생각이 든다. '나는 최고가 되어야 한다.', '나는 사람들에게 대접받아야 한다.', '모든 일이 내 뜻대로 되어야 한다.' 나이 든 사람들이 버려야 할 세 가지 생각이다.

최고가 되고자 하지 말고 최선을 다해야 한다. 현재 내가 하고 있는 일을 즐겁게 받아들이고 현재에 감사하며 살아가는 것이 중요하다. 그리고 바쁜 중에도 다른 주머니를 차야 한다. 나에게 보너스를 줄 마일리지 주머니 말이다.

정말 하고 싶은 것을 찾아서 즐기면서 마일리지를 쌓자. 이왕이면 아내와 같이, 이왕이면 생산적인 것, 이왕이면 돈 될 수 있는 것으로.

돈, 돈, 돈

퇴직을 하면 경제적 책임에서 벗어나고 싶은데 현실은 그렇지 못하다. 김장수 씨가 아들 부부를 분가시키겠다고 말하자, "아빠, 아버님, 저희는 아직 분가할 때가 아닙니다."라고 한다.

그래도 한번 가서 집을 보자고 했다. 상의해서 얘기하라고 했더니, 잠시 후에 아들이 들어와 말한다.

"아빠, 저희들 나가서 따로 살겠습니다. 장모님도 찬성하시고 좋겠다고 합니다."

대학 졸업할 때까지 같이 살겠다고 할 줄 알았는데, 집 보고 와서 당장 나가겠다고 하니 내심 섭섭하다. 그것도 손주들을 다 데리고 나가겠단다. 제일 좋아하는 것은 딸 상빈이다.

"아빠, 오빠 집에 못 오게 현관문 비밀번호도 바꿔버려요. 새언니랑 싸우기만 하면 집에 올걸."

딸을 보니 아들 부부가 다시 이해가 된다. 나도 상빈이가 시집가서 시부모를 모시고 산다고 하면 '어서 분가하라.'고 했을 것이다. 매 순간 입장 바꿔 생각해 보는 것이 판단에 도움이 된다.

며칠 전 아들이 "아빠, 용돈 올려주셔야겠어요. 저를 그냥 스물다섯 살 대학교 2학년생으로 보면 안 됩니다. 아이가 둘인 가장이잖아요."라고 한다. "엄마, 희수랑 희승이 기저귀 사야 해요." "엄마, 쌀 좀 가져갈게요. 집에 온 김에 과일도 좀 가져가야겠네." "아빠! 등록금 나왔어요." 끝도 없다!

새 학기가 시작되면 전쟁이다. 한 집안에 학생이 네 명이다. 김장수 씨, 아들 상일이, 딸 상빈이, 며느리까지.

"여보, 이번 달에는 며느리 산후조리원 비용하고, 병원비까지 준비해야 돼."

마이너스에 마이너스 통장으로 정신이 없다. 아내가 말한다.

"그나마 연금도 있고 당신이 일이라도 하니까 우리가 버틸 수 있는 거야. 힘들어도 열심히 다녀요. 그렇지 않으면 우리 가정은 파산이야."

아내가 더 무섭다.

손주들이 크는 것을 보면 눈에 넣어도 안 아프지만 현실적으로는 돈과의 전쟁이다. 한 달에 돈 빠져나가는 것을 보면 썰물 같다. 가슴이 철렁철렁하다.

아직은 그가 돈 벌 능력이 돼서 아들에 며느리까지 부양하고 있다. 퇴직한 시아버지가 며느리 대학원 등록금까지 내준다고 생각하니, 스스로 생각해도 대단하다. 물론 부모로서 자식들의 부족함을 채워줄 때만큼 뿌듯할 때가 없다.

나이 들면서 자신이 가진 것들을 하나씩 놓아주어야 한다. 돈도, 사회적 지위도, 자식도…….

여행 가서 버리고 올 것

김장수 씨의 아내가 하는 레퍼토리 중 은퇴 후 유난히 신경 쓰이는 것이 하나 있다.

"당신이 경찰 하면서 미국, 유럽은커녕 그 흔한 동남아 여행 한 번 못 가봤어. 남편하고 같이 간 여행이라고는 신혼여행 때 가본 제주도뿐이야."

그래서 퇴직을 하고 난 뒤 부부가 큰맘 먹고 미국으로 여행을 갔다. 경비가 300만 원이 넘었다. 큰돈이지만 아내 잔소리를 평생 들을 것을 생각하면 돈이 아깝지가 않았다.

여행 준비하면서 가방 두 개를 꾸렸다. 여행 가서 먹을 고추장, 김치, 캔, 비행 시간이 10시간 이상 된다고 하니 기내에서 볼 책 두 권, 갈아입을 옷……. 웬 짐이 그리 많은지 가방 두 개를 꽉 채우고 어깨에 메는 가방까지 동원했다.

할리우드, 말로만 듣던 곳이다. 한 마을 전체가 영화 세트장이다. 다시 이동한다. 모하비 사막, 가도가도 사막이다. 버스 안에 탄 여행객들은 가이드의 설명에 관심도 없다.

"다음에 도착할 곳은 명품 아웃렛입니다."

가이드의 말에 자고 있던 아주머니들이 벌떡 일어난다.

서울에서 100만 원 주고 살 옷을 30만 원이면 살 수 있다고 가이드가 설명한다.

"쇼핑 시간은 1시간 반 드립니다. 출발 시간에 맞추어서 돌아오셔야 합니다."

아주머니들이 카드를 들고 일제히 달려나간다. 쇼핑이 끝나고 차에 돌아온 아주머니들의 표정이 상기되어 있다. 차 안에서 서로 쇼핑한 물건을 구경하고 가격을 물어본다.

"어머! 이건 어디서 샀어요? 정말 좋아보이네."

자신이 산 것에는 그다지 관심이 없나 보다.

사람들은 늘 더 움켜쥐기 위해 애를 쓰지만 막상 자신의 손 안에 든 것에는 관심이 없다. 행복은 내 손 안에 있는데 자꾸만 남의 손을 들여다본다.

여행을 끝내고 집에 와서 김장수 씨가 식구들에게 선물을 꺼내놓았다. 초콜릿부터 액세서리까지 선물을 나눠줘도 그렇게 반가운 기색이 없다. 역시 선물은 뭐니 뭐니 해도 현찰이 최고인가 보다.

김장수 씨는 가방을 열면서 생각을 했다. 여행 가서 읽으려고 가져간 책이며, 여벌로 더 챙겨간 속옷이나 옷이 그대로 있다. 그냥 무겁게 들고만 다닌 것 같다.

나이 60대에 접어들면서 자신이 지고 다니는 가방을 다시 열어 볼 필요가 있겠다. 지금까지 필요하지 않은 것을 메고 다니지 않았는지, 정작 지금부터 가져가야 할 짐이 제자리에 있는지……. 버릴 것은 과감히 던져버려야 한다. 아이들에 대한 지나친 염려, 미래에 대한 두려움, 퇴직에 대한 불안감…….

버릴 것은 버리고, 오늘 이 순간을 살아가야겠다.

비교 대상이 없다

행복해지려면 비교하지 말아야 한다. 현역에 있을 때에는 실적 비교, 승진 비교, 연봉 비교, 결혼해서는 아이들 성적 비교, 아파트 평수 비교…… 끝이 없다.

늘 남과 비교하면서 내 자리를 정했다. '나는 잘나가고 있나? 남들보다 뒤처지지 않았나?' 다른 사람들을 보는 눈도 똑같다. '쟤는 동기 중에서 제일 잘나가.' 또는 '저 사람은 강남의 50평대 아파트에서 살아.'

김장수 씨는 비교 체계 안에서는 무한대로 욕심이 자란다는 사실을 절실히 깨달았다. 인생을 살아오면서 큰 욕심 부리지 말고 살자 노력했다. 그럼에도 인간인지라 주변을 돌아보고, 비교를 하고, 욕심을 냈다. '잘하고 있어.'가 아니라 '내가 제일 잘나가야 해.'라고 생각했기 때문이다.

퇴직 후에는 비교 대상이 사라진다. 스트레스 받을 일도 없고, 상대적 우월감을 누릴 기회도 없다. 불행 중 다행이다. 이때부터는 타인과 비교하지 않고 자신만 바라보고 살아야 한다.

스위스의 정신의학자 카를 구스타프 융에 의하면, 사람은 인생 초반부와 후반부에 각기 다른 삶의 기준을 가지고 살아간다고 한다. 인생 초반부에 개인은 세상에서 인정받기 위해 살아간다. 이때의 나에게는 밖으로 드러나는 모습이 중요하다. 다른 사람들로부터 인정받기 위해서는 그들이 만든 기준에 따라 살아가야 한다. 자기자신이 그 기준에 맞지 않을 때에는 어떠한가. 기꺼이 자기 자신을 버리고 가면을 쓴다. 그 가면이 나의 본래의 모습과 멀수록 원래의 나, '자아'는 침체되고 불행해지는데도 불구하고.

김장수 씨는 요즘 후배들을 만나면 입에 달고 하는 말이 있다. 인생의 후반부에서는 '겉으로 보여지는 나'가 아니라, 내 속에 있는 '본래의 나'가 중요해진다는 것이다. 남의 시선, 평판이 젊었을 때만큼 중요하지 않다. '본래의 나'로서 살아가면서 자연스러움을 느끼고 나답게 사는 것이 가장 중요하다.

나이 들어서도 전직 장관, 전직 총장, 전직 교수로 불리는 사람들이 있다. 그렇게 불리기를 원하는 사람들도 있다. 그런 게 왜 중요할까? 과거의 사회적 지위, 부와 명예, 명성에 연연하는 것은 본래의 자아가 없기 때문일까, 아니면 자아와 사회적 가면이 일체가 되어버린 탓일까?

나이가 들면서는 개개인이 고유의 인격체가 된다. 비교 대상이 없는 것이다. 나를 완성시키는 것만이 중요하다. 지금보다 더 나이가 든 나 자신을 생각해 봐야 할 시점이다.

완장 떼고도 괜찮은 사람, 남을 배려할 줄 아는 사람, 사람들 사이의 분위기를 살리는 사람, 그렇게 멋지게 나이 들고 싶은 게 김장수 씨의 요즘 마음이다.

우리에게 좋은 소식은 수명이 늘어나고 있다는 것이다. 또한 나쁜 소식은 말년이 더 길어졌다는 것이다.

당신이 퇴직을 준비하고 있다면

노인의 4가지 행복

2007년부터 계속 시행하고 있는 현대경제연구원의 '경제적 행복지수' 설문조사 결과를 보면, 2014년 기준 20대의 행복감이 가장 높고 50대와 60세 이상 고령층의 행복감은 가장 낮다고 합니다. 2014년 발표한 조사 결과에 따르면 고령층의 행복감은 2013년보다 더 떨어져 100점 만점에 36.7점에 불과했습니다. 주관적으로 느끼는 행복감이 낮은 이유는 무엇일까요? 선진국에서는 노인들이 은퇴 이후 가장 행복하다고 하는데, 우리나라 고령층은 왜 가장 불행하다고 생각할까요?

노인이 돼서 겪는 네 가지 고통으로 가난, 질병, 고독, 무위를 꼽습니다. 나이가 들면 약봉지를 달고 삽니다. 한두 군데씩 아프지 않은 곳이 없습니다. 모아둔 돈도 없고 자녀에게도 기대지 못할 형편이니, 경제적으로도 궁핍합니다. 무엇보다 고독하고 할 일이 없습니다. 이 모든 것이 서로 맞물려서 문제를 증폭시키고 있습니다. 가장 나쁜 것은 이러한 고통을 이기지 못하고 스스로 목숨을 끊는 사람들도 있다는 것입니다.

노년이 우리 인생에서 못 견딜 만큼 괴로운 시기라면 왜 이런 노년을 인생의 끝에 마련했을까요? 제 생각에는 인생에서 버려야 할 만큼 고통스럽고 무의미한 시간은 없는 것 같습니다.

인생의 모든 시간은 다 귀중하고 가치 있습니다. 가치 있게 쓰는 것이 우리의 사명인 것이지요. 99세에 《약해지지 마》란 시집을 출간한 일본의 할머니 시인 시바타 도요 씨도 있습니다.

나이가 들면 네 가지 행복이 있습니다. 우선 몸이 불편하니 다른 사람의 도움에 감사하게 됩니다. 따뜻한 손길과 마음씨가 더 잘 보이게 되지요. 돈이 없으니 돈 걱정에서 벗어납니다. 없으면 쓰지 않으면 되지요. 또 고독이 있습니다. 고독하면 모든 것과 친구가 됩니다. 바람과 햇살과 수다를 떠는 경지에 오릅니다. 할 일이 없다는 것은 어쩌면 투정처럼 들리네요. 할 일이 없다는 것은 거꾸로 말하면 시간이 많다는 것인데, 그 시간을 잘 활용할 수 있는 방법을 생각해 보면 어디에나 할 일이 있습니다. 병원 침대에 앉아 보자기를 만드는 할머니도 있고, 치매에 걸려서도 텃밭에서 일을 하는 할아버지를 보았습니다. 노인이 돼서 괴롭다고 생각하는 사람도 있지만 노인이 돼서 매우 행복하다고 생각하는 사람도 있습니다. 인생의 마지막 의무는 아름다운 노년을 준비하는 것입니다.

업그레이드

지나온 시간을 생각해 보니 김장수 씨는 슬쩍 아쉬움이 든다. 처음부터 강연을 생각했더라면 빵, 떡, 피아노, 두부, 초콜릿, 토익 등을한다고 시간과 돈을 그토록 쏟아붓지는 않았을 것이다. 한 가지 목표를 정해서 최소한 5년, 10년은 해야 전문가가 되고, 전문가가 되면 돈이 되고, 결국 퇴직 후에 일이 생긴다고 생각했는데, 지나간시간, 노력, 돈이 아까운 생각이 든다. 그러나 아내는 그런 시간, 노력, 돈이 오늘의 든든한 남편, 아버지, 할아버지를 만들었다고 칭찬해 준다. 그런 말 한마디에 위안을 얻고, 어깨를 펼 수 있다.

　강연을 가면 김장수 씨는 꼭 노래를 한 곡 한다. 선곡은 〈10월의어느 멋진 날에〉, 〈내 고향 충청도〉 등이다. 반주곡도 챙겨서 간다.반응은 물론 최고다. 그러다 어느 날 문득 직접 반주도 하고 노래도한다면 다른 강연보다 차별화되지 않을까 하는 생각이 들었다. 어떤 악기를 연주할까 고민하고 있자니 아내가 "아코디언이 어때?"라고 제안을 한다. 그동안 피아노를 4년 정도 레슨 받아서 조금 수월할 것도 같았다.

"그래! 아코디언이 좋겠다. 강연하면서 노래와 반주를 같이 하는 거야."

김장수 씨의 말이 떨어지자마자 아내가 인터넷으로 검색을 한다. '대전 오주영 아코디언 학원'이 검색이 되었다. 일주일에 한 번, 1시간씩 레슨하고 수강료 15만 원이라고 한다. 시간은 목요일 저녁 7시 30분에서 8시 30분까지.

학원에 가보니 70대 노인분들이 레슨을 받고 있다. 악기 연주가 치매 예방에 좋다고 한다. 악보를 봐야 하고 손가락을 부지런히 움직여야 하기 때문이다. 아침에 악기 들고 나와서 오전에 연습하고 끝나면 점심도 먹고 옛날이야기도 한다. 그중 공연이 있는 사람은 정장 바지에 하얀 와이셔츠를 빼입고 오기도 한다. 취미로 하는 악기 연주가 돈도 된다니 금상첨화다.

아코디언 학원에서는 김장수 씨가 제일 막내다. 이것저것 여러 곡을 마스터할 필요는 없다. 한두 곡만 1년 동안 죽어라 연습하면 강연회에서도 멋지게 연주할 수 있을 것이다.

1년 후에 아코디언을 메고 강연하면서 노래를 부른다고 생각하니 벌써부터 가슴이 뛴다. 현재 변한 것은 없는데 마음은 벌써 상상 그 너머에 가 있다.

하나를 시작하니 두개, 세 개가 보인다

전깃줄에 앉은 참새를 잡으려면 기회를 잡아야 한다. 참새가 앉는 지점을 확인하고, 총을 장전하고, 타이밍을 노리다 방아쇠를 당겨야 한다. 김장수 씨의 경우는 퇴근 후 2시간씩 투자한 것이 퇴직 후의 삶의 방향을 제대로 잡게 만들어준 셈이다.

　무모하다고 코웃음 치는 이도 있고, 같잖다며 고개를 젓는 이도 있었지만, 꿋꿋하게 문을 두들긴 것이 이제 와서 프로필에 한 줄씩 차지하게 되었다. 처음에는 현장에 있는 사람들, 은퇴를 앞둔 퇴직자들 대상으로 그들에게 무엇이 필요할지를 고민했다. 그래서 상담도 공부하고, 신학도 공부하고, 소통 전문가를 찾아다니기도 했다. 한 걸음 더 나아가 김장수 씨는 최근에 효 지도사와 칭찬 지도사 자격증을 취득했다. 그랬더니 초등학교와 실버 대학교에서도 강의 섭외가 들어온다. 어린아이들에게는 구수한 할아버지가 효 이야기를 전하니 좋고, 나이 지긋한 노인분들에게는 김장수 씨처럼 같이 늙어가면서도 누구보다 에너지 넘치는 사람의 이야기가 필요하기 때문이다. 잘만 하면 80, 90세가 되어도 이 일을 계속할 수 있다는 장점이 있다.

김장수 씨는 내친김에 인천에 있는 성산효대학원대학교에서 박사 과정을 밟기로 했다. 이제 50대 후반이지만 문제없다. 진로를 끊임없이 탐색하고 보완하다 보면 노년을 남의 눈치 안 보고 값지게 살 수 있다.

앞으로 20년 동안 할 일이 있다고 생각하니 가슴이 뛴다. 하나의 문을 열면, 두 번째, 세 번째 문도 보인다. 머릿속으로 이것저것 백날 생각만 하면 무슨 소용인가. 세월을 당기고 싶다면 당장 시작하는 게 진리다.

가슴이 뛴다, 할 일이 있다고 생각하니까.

당신이 퇴직을 준비하고 있다면

나이 드는 준비

지금 50대 중·후반인 사람은 앞으로 10년이 지나면 노인이 됩니다. 앞으로의 10년이 준비 기간입니다. 퇴직을 하기 전에 '퇴근 후 2시간'씩 준비를 했듯이, 노인이 되기 전에 노인으로써 살아갈 준비를 해야 합니다.

어떤 사람들은 노인이 되는 것을 두려워하며 가급적 노인이 되지 않기 위해 최선을 다합니다. 성형이나 젊어 보이는 옷차림, 역동적인 여가 생활로 한동안은 나이를 피하는 듯 보일 수 있습니다. 하지만 시간이 갈수록 그러한 노력은 체력을 소진시키고, 결국 피곤해질 수밖에 없습니다.

젊음을 가장하는 것보다 노년의 특권을 누리는 게 훨씬 낫습니다. 노년의 특권은 준비된 노인에게 주어집니다. 사람들은 지혜롭고 너그러운 노인을 보면 존경하기 마련이죠. 하지만 나이가 들어서도 욕심 부리고 어리석으며 자기 자신만을 생각하는 노인들도 적지 않습니다. 이러한 노인들은 노인이 되기 위한 준비가 부족한 사람들입니다. 나이가 많다는 것은 단순히 오래 살았다는 것이 아니라 그동안의 삶의 경험과 지식을 통해 보다 초월적인 존재가 되는 것입니다.

노인이 되는 연습으로 저는 세 가지를 꼽습니다.

첫째는 '내려놓는 것'입니다. 내가 가진 것뿐 아니라 가지지 못한 것에 대한 욕심과 집착을 내려놓아야 합니다. 젊음에 대한 보상 욕구, 실패한 사업에 대한 집착, 잘못된 결혼 생활에 대한 후회를 다 내려놓아야 합니다. 미워했던 사람은 용서하고, 체념할 것은 빨리 체념해야 남은 생을 즐거운 마음으로 살아갈 수 있습니다.

둘째는 '의존하지 않는 연습'입니다. 나이가 들면 정신적으로나 육체적으로 남에게 기대고 싶어집니다. 그래서 먼저 간 배우자의 빈자리를 무리하게 채우려 들고, 자식을 불러들입니다. 하지만 의존하기 시작하면 인생은 더욱 빠른 내리막길이 됩니다. 혼자서도 잘해나가기 위한 준비, 마음가짐을 바꾸고 신체를 단련하고 내 주위 환경을 적절하게 바꾸는 준비가 필요합니다. 혼자라고 결코 외롭기만 한 것은 아닙니다.

셋째는 '신앙을 갖는 것'입니다. 인간은 누구나 죽음 앞에 서게 됩니다. 죽음에 대한 두려움을 승화시키는 것이 바로 초월에 대한 의지인 듯합니다. 종교란 그런 것이지요. 삶의 불완전함과 소멸조차도 견디게 하는 신앙을 갖기를 권유합니다.

'나는 어떤 노인이 될 것인가?'

미리 생각하고 준비한다면 '노년'이 내 인생에서 최고로 행복한 시간이 될 것입니다. 끔찍했던 퇴직의 아픔이 결국에는 축복이 될 수 있었던 것처럼 노년은 '마지막'이 아니라 새로운 '시작'이 될 수 있습니다.

인생 후반전, 퇴근 후 2시간부터

딸아이가 새벽에 열이 펄펄 나는 바람에 들쳐 업고 병원으로 달려가던 순간, 몸이 천근만근이지만 가장이고 아빠고 남편이기에 웃으면서 집을 나오던 순간, 지금 생각해 보니 그 순간들이 모두 행복이고 사랑이었다. 그러다 정년퇴직을 하고 보니 나만 허허벌판에 홀로 서 있는 느낌이었다. 외롭고 의지할 데 없어 허전했다. 같이 근무하던 동료들을 만나면 어깨가 움츠러드는 것이 아직도 어른아이인 모양이다.

아버지 얼굴에 수염이 덥수룩해서 전기면도기를 사드렸다. 아까워서 못 쓰고 그대로 둔 것을 돌아가신 다음에 내가 물려받아 쓰고 있다. 건강하시던 아버지가 갑자기 혈액암 진단을 받았다. 아버지는 항암 치료를 세 차례 받았지만 결국 6개월 만에 돌아가셨다. 평생 영화배우란 꿈을 좇아 사셨던 아버지, 그 때문에 가족들이 모두 큰 고생을 했다. 나는 어린 시절부터 그런 아버지를 원망하며 성장했다.

퇴직 후 추석에 아버지 산소를 찾아뵈었다. 아버지 살아생전에 제대로 한번 안아드리지 못한 것이 너무나 아쉽고 후회스러웠다. 뒤늦게 이런 생각이 드는 것이 씁쓸하고 더 가슴 아프다.

상일이와 상빈이가 태어날 때에는 건강하게만 태어났으면 하는 바람이 전부였다. 그러나 학교 들어가니 공부를 잘했으면 하는 마음이었고, 좋은 대학에 들어갔으면, 좋은 배우자를 만났으면 하는 바람이 있었다. 손자, 손녀가 태어나니 또 똑같은 생각이 든다. 그것이 삶인가 보다.

머리카락이 희끗희끗한 나의 모습을 거울로 보면서 문득 세월이 참 빠르다는 생각이 든다.

'그래, 여기까지 온 것, 지금 이 순간을 감사해야지.'

나이 들수록 욕심을 내려놓고 겸허해질 필요가 있다.

나는 평생 경찰관을 할 줄 알았다. 선배, 동료들이 정년퇴직할 때는 그저 남의 일인 줄 알았지 내가 그 자리에 서 있을 줄 몰랐다. 상사의 질책 한마디에 한 달이 불안하고, 상사의 칭찬 한마디에 세상이 내 것인 것처럼 뿌듯하던 그 기억들도 이제 다 추억이 되었다.

내가 없으면 안 될 것만 같던 경찰서는 내가 없어도 똑같이 잘 돌아간다. 퇴근하고 회식, 단합 대회로 보냈던 그 시간들, 주말에 동료들과 운동하고 등산 다니며 평일보다 더 바쁘게 보냈던 그 시간들이 이제는 다시 나에게로 고스란히 돌아와 새벽부터 잠들기 전까지 나를 쓸쓸하게 만든다.

내가 그렇게 밖으로 다닐 때 아내와 아이들은 나와 별개였다. 지금에 와서 돌이켜 생각해 보니 말만 남편이고 무늬만 아빠였다. 그렇게 보낸 30년의 시간으로 가족들과 나 사이에 생긴 벽이 콘크리트로 30센티미터는 되는 것 같다. 그 시간을 다시 찾으려면 30년의 시간을 거꾸로 돌려야 한다.

지난달에 건강 검진을 갔더니 의사가 위에 염증이 있으니 조직 검사를 하자고 했다. 가슴이 덜컹 내려앉았다. 의사가, "현재의 건강 상태는 선생님이 그동안 살아온 결과물입니다."라고 한다.

이제 인생 후반전의 시작점에서 이후 결과물을 생각해 본다. 시간을 흘려보내지 말고 이제는 꼼꼼하게 건져내야겠다.

나는 오늘 퇴근하고 어디로 향하는가 잠시 생각해 보자. 내가 퇴근하고 서 있는 곳이 인생 후반전을 준비하는 자리고 시간을 건져내는 자리다. 퇴근 후 보내는 시간과 노력들이 지금은 바닥에 깔려 보이지 않지만 언젠가는 넘치는 행복으로 다가올 것이다. 내가 진심으로 행복하고 즐거워하는 일, 가슴 설레는 일에 '퇴근 후 2시간'을 투자해 보자.

정기룡

퇴직 후에 대한 희망찬 전망

퇴직 전에는 회사와 집밖에 모르고 살았습니다. 30여 년간 한눈팔지 않고 달려오다가 어느 날 갑자기 '사회적 사망' 선고를 받은 기분입니다. 갈 곳이 없는데, 가족들마저 반겨주지 않습니다.

내 나이 이제 겨우 50대, 평균 수명이 늘어나 100세 시대가 왔다고들 하는데, 지금부터 남은 인생을 뭘 하고 살아야 할지 고민입니다. 노후 불안과 집사람 눈치에 가만히 있기도 힘들고, 그동안 한 우물만 팠던 사람이 새로 할 일을 찾기도 힘듭니다. '나이가 많다'고, '특별한 지식과 기술이 없다'고 일자리에서 거절당하는 동안 시간은 노년기를 향해 성큼성큼 나아갑니다.

여기저기에서 퇴직을 맞은 베이비붐 세대의 한숨 소리가 들려온다. 길어진 노후, 새로 시작하기에는 늦은 나이, 아직까지 무거운 가장의 책임…….

이 책에 나오는 주인공 김장수 씨도 한숨짓는 베이비붐 세대의 일원이다. 그에게는 거느려야 하는 식구가 많다. 아내, 아들, 딸, 며느리, 손주들까지 모두 여섯 명이다. 퇴직을 했지만 일찍 결혼해 아직 학생인 아들과 며느리, 딸의 대학등록금도 그의 책임이고, 아파트 관리비, 세금, 통신요금 청구서도 그 앞으로 꼬박꼬박 날아든다. 평생 경찰관으로 살았던 그가 은퇴 자금을 두둑이 쌓아놓았을 리 없다.

총경의 직위에서 물러난 그 또한 보통 퇴직자가 겪어야 하는 모든 쓰라림을 겪었다. 업무에 방해가 될 정도로 걸려오던 전화가 하루 세 통으로 줄던 때도 있었다. 아내와 '대출 필요하십니까?' 묻는 카드사 직원과 휴대전화를 최신형으로 바꾸라는 광고 전화.

하지만 그는 지금 '내 인생에서 지금보다 더 좋았던 때가 없었다.'고 말한다. 무엇보다 그는 현직에 있는 후배들이 아직도 반가워하고 만나고 싶어 하는 선배다. 다른 퇴직한 선배들은 힘들다는 소리만 하는데, 김장수 씨는 후배들에게 밥을 사는 선배이기 때문이다. 주말이면 노숙자 센터나 요양 병원에서 봉사를 하고, 아코디언을 배우며 노년기를 준비하고 있다.

또 다른 주인공 최고민 부장 역시 대기업에서 열심히 일했지만 명예퇴직을 해야 하는 상황에 부닥쳤다. 그는 준비 없이 퇴직했지만 다행히 은퇴 코치를 만나 재취업에 성공하며, 80세 현역을 향해 경력을 쌓아가고 있다.

두 사람의 비결은 무엇일까?

준비와 코칭이다. 김장수 씨는 은퇴 후를 위해 무엇이든 닥치는 대로 배우고 시도했다. 빵을 배우기 위해 제과제빵학원을 다녔고 떡을 배우기 위해 시장 떡집에서 앞치마를 두르고 쭈그리고 앉아 쌀가루를 버무렸다. 현직 경찰서장이 시장 떡집에서 일하면서 사람들의 시선을 느끼지 않았을 리 없다. 하지만 그는 자연인으로 돌아갈 때를 위해 체면을 버리는 연습부터 했다.

그는 오지랖 넓게 자신의 가능성을 탐색했다. 하나에 집착하지 않는 유연성으로 이것이 안 된다고 생각했을 때 미련 없이 새로운 일에 도전했다. 이렇게 사방팔방 헤집고 다니는 동안에 그의 열정은 나날이 더 뜨거워졌다.

김장수 씨가 열정을 바탕으로 십수 년간 준비하고 고민해서 퇴직 후 제2의 직업으로 찾아낸 것이 강사다. 구슬이 서 말이라도 꿰어야 보배라는 말처럼 그는 그동안 섭렵한 다양한 경험들을 엮어 사람들에게 웃음과 희망을 주는 인기 강사로 자리를 잡았다.

중년이란, '살아가는 데 공짜는 없고', '뿌린 대로 거둔다'라는 평범한 진리를 절절하게 깨닫게 되는 나이다. 많은 사람들이 중년에 이르러, 자신의 인생을 중간 결산하느라 마음과 머릿속이 복잡하다. 내가 어떻게 살아왔나? 그리고 남은 몇십 년을 어떻게 살아가야 하나? 사방에서 노년에 대한 어두운 전망만 쏟아내고 있지만,

누군가는 희망의 소식과 나의 갈 길을 알려줬으면 하는 간절한 마음이 있다. 수능 학원, 취업 학원도 있는데 왜 퇴직 준비 학원은 없는 것일까?

퇴직 준비에 필요한 것은 코칭이다. 이 책에서 김장수 씨는 최고민 부장의 멘토가 되어 퇴직 후 삶의 설계에 대한 코칭을 한다. 회사의 경영권 변화로 퇴직을 해야 하는 순간 최고민 부장은 눈앞이 캄캄했지만 김장수 씨를 롤모델로 삼아 비교적 수월하게 새로운 길을 찾아가게 된다. 그는 어려운 순간에도 긍정적이고 적극적인 자세를 가졌고, 가족의 이해와 협조를 이끌어냄으로써 자신에게 맞는 제2의 일을 찾는 데 성공했다. 그가 자신의 경력과 전문성을 살리는 방향으로 평생직업을 찾게 된 데에는 전국경제인연합회와 노사발전재단의 중장년 일자리 희망센터 같은 관계 기관의 도움도 유효했다.

퇴직 이후를 준비하는 우리들에게 필요한 것은 좋은 선배, 좋은 코치일 것이다. 이 책이 만들어지게 된 계기도 그러하다. 여러 사람이 자신의 퇴직 이후 노년기를 걱정하는 가운데, 평범하지만 모자람이 없는 행복을 만들어가는 정기룡 소장이 책의 공동저자이며 김장수 씨의 모델을 만나게 됐고, 그로부터 열정적인 퇴직 준비 사례를 들을 수 있었다. 무엇보다 우리가 정기룡 소장에서 배운 점은 과거의 화려했던 경력을 내려놓을 줄 아는 겸허함이었다. 높은 자리에 올라갔던 사람일수록 내려오는 것이 힘들다고 한다. 하지만 과거의 나를 잊어야 현재의 내가 보이고 미래의 나를 만날 수 있는 것이다.

나와 출판사는 정기룡 소장의 이야기를 우리만 알고 지낼 것이 아니라 많은 사람들에게 알리자는 데 의기투합했고, 최고민 부장의 모델이 된 장필규 중소기업청 강소농 컨설턴트 씨의 이야기를 더해서 이 책을 만들게 됐다.

나는 그동안 은퇴와 노년기에 관한 강의를 하거나 책을 만들면서 '자식에게 올인하지 말고 자기 미래에 투자하라.'든가 '평생 즐길 수 있는 취미를 만들라.', '퇴직 후 일은 자신이 만들어야 한다.'고 조언해 왔다. 하지만 현실에서는 자식에 대한 걱정이 몰래 찬 호주 머니까지 털어가고, 취미 생활조차 경제적으로 여의치 않다. 퇴직 이라는 것은 누구에게나 어려운 일이다. 그러한 점에서 김장수 씨 와 최고민 부장의 이야기를 쓰면서 내 이야기를 하는 듯한 몰입을 느꼈다. 열정과 긍정으로 퇴직 후를 준비해 간다면 나도 두 사람처 럼 근사한 결과를 얻을 수 있으리라는 희망도 얻었다.

우리 곁에서, 보통의 삶을 완벽한 행복으로 채워가는 김장수 씨, 최고민 부장의 이야기가 독자들에게 좋은 선물이 되었으면 한다. 나도 그들처럼 행복한 퇴직을 맞을 수 있다는 희망이라는 선물.

김동선

모든 상처에는 향기가 있다

어느 시대든 그 시대의 숙명적 숙제가 있다. 이 책의 저자 김동선 씨는 2001년도에 이미 고령사회와 저출산이 심각한 문제로 대두되고 있던 일본으로 건너가 다가올 한국 사회의 미래에 대해 깊이 고민하고 공부했다. 또한 저자 정기룡 소장은 100세 시대 노후에 대해 국가에서 아무런 대책이 없던 시절부터 본인의 은퇴 후를 고민하고 스스로 좌충우돌 뛰어다니며 준비했다.

고령사회와 실버 출판의 선두 주자로 10여 년 이상 이 분야의 출판을 해오다 두 분의 필자를 만난 것은 행운이었다.

정기룡 소장과 김동선 씨는 생면부지의 관계지만, 사는 곳이 같은 대전이었다. 전문성이 강하고 성실함과 겸손이 몸에 밴 두 분이었으나, 한 권의 책이라는 결과를 만들어낼지에 대해서는 미지수였다. 그래서 기획 단계에서 여러 번 회의와 토론, 그리고 두 분의 성향 분석 작업이 선행되었다. 두 사람이 과연 집 한 채를 지어낼 것인가, 아니면 집을 짓는 것처럼 다양하게 생길 수 있는 현장 변수로 인해 집필 과정에서 무너져버릴 것인가. 그러나 이런 우려를 깨고 두 분은 환상적인 호흡으로 한 권의 책을 멋지게 마무리하였다.

정기룡 소장의 퇴직 준비 실화에 노후 대책 전문가 김동선 씨의 전문성이 더해지면서 《퇴근 후 2시간》이 탄생한 것이다. 소설 형식을 빌린 덕분에 단숨에 읽히고 내용 또한 명료하다.

초고를 다 읽었을 때, 책의 향기가 풍겼다. 내가 아버지의 노년에서 느낀 향기와 비슷하다. 쓸쓸하지만 여유 있고, 절박하지만 본인에게 진실한 시기. 자신들의 경험과 삶이 몸으로 농익어 나는 새로운 인생 후반의 향기다. 고령사회와 실버 책을 기획하면서 늘 주변에 어른거리던 것이었다.

누구도 주목하지 않던 시대에, 외로이 미래에 다가올 고령사회와 그에 대한 대책, 중년 이후 삶의 전환 방식에 투신한 두 필자분의 혜안과 성실에 존경의 마음을 전한다.

'모든 상처에는 향기가 있다.'

한 시대의 숙명적 숙제가 내는 상처를 아름다운 향기로 풀어낸 두 필자분이 계셔서 행복한 출판이 이루어질 수 있었다. 이제 그 향기가 독자분들께 가 닿기를 간절히 기원하는 새벽이다.

현직에서 퇴직 후를 준비하는

퇴근 후 2시간

초판 1쇄 발행 2015년 2월 12일
초판 5쇄 발행 2020년 7월 13일

지은이 | 정기룡 김동선
펴낸이 | 한순 이희섭
펴낸곳 | (주) 도서출판 나무생각
편집 | 양미애 백모란
디자인 | 박민선
마케팅 | 이재석
출판등록 | 1999년 8월 19일 제1999-000112호
주소 | 서울특별시 마포구 월드컵로 70-4(서교동) 1F
전화 | 02)334-3339, 3308, 3361
팩스 | 02)334-3318
이메일 | tree3339@hanmail.net
홈페이지 | www.namubook.co.kr
블로그 | blog.naver.com/tree3339

ISBN 978-89-5937-397-0 03320